KB139969

공학도를 위한
비판적 사고
교육

공학도를 위한
비판적 사고
교육

한국공학교육학회 비판적사고교육연구회
책임편집: 황영미, 박상태

머리말

  오늘날 제4차 산업혁명시대를 맞이하여 대학생이 갖추어야 할 문제 해결 능력, 비판적 사고 능력, 문제 발굴 능력 등이 강조되고 있다. 창조의 바탕은 본질을 탐구하는 비판적 사고에 기반하고 있으며, 공기업이나 민간 대기업들의 다양한 직무적성테스트가 모두 비판적 사고 능력을 평가하는 시험들이다. 특히 한국공학교육인증원에서는 공학도들의 창의적 문제 해결 능력, 합리적 의사결정 능력, 효과적 의사소통 능력 등을 향상시키기 위해 전문교양교육 과목들을 운영할 것을 지속적으로 권장해 왔고, 그동안 비판적 사고를 활용한 여러 전문교양교육 과목들-공학 윤리, 과학기술 글쓰기 등-은 공학 관련 교수자들과 공학도들로부터 많은 관심과 호응을 받아 왔다. 이에 공학교육 현장에서는 비판적 사고를 공학 전공 교육 과정에서도 적극적으로 활용하려는 교육적 요구가 점점 증가하고 있는 상황이다. 그런데 공학 전공 학생들에 대한 창의성 연구 자체가 아직은 부족하고, 무엇보다 창의성 개념 자체의 모호성 때문에 창의성을 측정하는 방법과 변인에 따라 서로 상반되는 결과들이 나오기도 한다.

이에 비판적 사고 교육의 교수자와 공학 설계 과목을 담당하는 교수자들이 함께 모여 "공학 전공 교육의 핵심적 교육 과정인 공학 설계 과목에 비판적 사고를 어떻게 활용할 것인가?"를 주제로 삼아 공학 전공 교육 과정에서도 비판적 사고를 활용할 수 있는 방안과 실제 수업 방식을 제안하고자 하였다. 한국공학교육학회에서 이러한 목적으로 비판적사고교육연구회가 발족한 시기는 2017년 4월이다. 이 연구회 발족에는 공학도의 비판적 사고 교육의 필요성을 절감한 한송엽 교수님(서울대 전기·정보공학부 명예교수)의 열망과 연구회 지원금 기탁으로 실제화됐다. 그동안 매년 숙명여대 교양교육연구소와 한국공학교육학회 비판적사고교육연구회가 공동으로 콜로키엄을 개최해 왔고, 한국공학교육학회 학술대회에서 비판적사고교육 워크숍을 진행해 왔다.

연구회 초기에는 공학과 인문학에서 접근하는 비판적 사고 교육에 대한 인식 차이로 융합이라는 목표로 공동 작업을 진행하기 어려웠다. 하지만 연구회 멤버들은 자주 만나 회의를 하고 비판적 사고를 공학 교육에 접목하는 발제와 토론을 통해 회의를 하고 공동논문을 써 가면서 이질적인 학문의 진정한 융합을 모색해 왔다. 4년 남짓 함께 연구해

온 결과가 이 책으로 나오게 되었다. 여러분들이 콜로키엄과 워크숍에 참여했지만 융합연구 작업을 마지막까지 함께 한 사람은 비판적사고교육연구회장인 필자와 처음부터 함께 연구의 틀을 잡아 왔던 철학 전공 박상태 교수님과 박승억 교수님, 교육공학 전공 구진희 교수님, 기계공학 전공 윤성호 교수님과 김제도 교수님이다. 공동으로 또는 개별 논문을 한국공학교육학회 논문지에 발표하며 비판적사고교육 워크숍을 이끈 주역들이다.

특히 이 책은 창의적 문제 해결력의 바탕이 되는 비판적 사고의 원리를 제시하고 이를 공학인증 교과목인 공학 설계 교과목에 접목한 내용으로 주어진 제한 조건 하에서 목적에 부합하는 공학 설계의 결과물을 고안하는 과정에서 보다 인간의 편의와 복지를 증진시키는 공학적 결과물을 얻는 데 도움을 주는 이론과 실제가 겸비된 책이다.

이 책은 공대생들에게 비판적 사고 능력을 효과적으로 교육하기 위한 교수방법을 함께 교류함으로써 공대생들의 융합적인 능력을 증진시킬 수 있는 새로운 방향을 제시하고자 하였다. 이 책이 자신의 전공뿐만 아니라 인문학적 소양을 두루 섭렵한 융합인재를 위한 교육의 모태가 되기를 기대해 본다.

어려운 출판 여건 속에서도 출판해 준 한국학술정보㈜와 수고해 주신 단행본 편집팀께 감사드린다.

2021년 8월

한국공학교육학회 비판적사고교육연구회

회장 황영미

목 차

제2부 공학도를 위한 비판적 사고 교육 실제 편

■■■ 제1부

공학도를 위한 비판적 사고 교육 이론 편

제 1 장

비판적 사고 일반

1. 왜 비판적 사고인가

'비판적 사고(critical thinking)'에 대한 사회적 관심이 국내외적으로 확산되고 있다. 미국의 경우 대학수학능력시험(SAT)과 각종 대학원 입학시험(GRE, GMAT, LSAT)에서 비판적 사고 능력을 평가하고 있고, 영국이나 일본의 경우 공무원 선발 1차 시험에서 비판적 사고 능력을 측정하고 있다.1) 우리나라의 경우에도 대입수학능력시험, 법학적성시험(LEET)을 비롯한 각종 전문대학원 입학시험(MEET, DEET, PEET), 공무원 선발을 위한 공직적격성시험(PSAT), 민간 대기업들의 다양한 직무직성테스트 등이 모두 비판적 사고 능력을 평가하는 시험들이다. 이처럼 대학 입학, 전문직 양성, 인재 채용 과정 등에서 비판적 사고 능력에 대한 사회적 관심이 증가하고 있는 현 상황은 비판적 사고 능력의 신장이 오늘날 교육의 주요 목표가 되었다는 사실을 강력히 시사한다.

비판적 사고가 주목을 받기 시작한 것은 1983년 미국에서 『위기에 처한 국가(*A Nation at Risk: The Imperative for Educational Reforms*)』[2]라는 연구 보고서가 발간되면서부터이다. 이미 오래 전부터 미국의 교육자들은 학생들의 SAT 성적 저하, 문제 해결력 부족, 논증에 대한 몰이해, 의사소통 능력의 취약, 책임 있는 민주 시민으로서의 자질 부족 등 이 모든 것이 '생각하는 능력의 결여'에 기인한다고 지적해 왔고, 그래서 『위기에 처한 국가』에서는 읽기, 쓰기, 수학 교육(3R) 중심의 기존 교육 과정에 추리(Reasoning) 교육(4R)을 추가할 것을 촉구하였다.[3] 그리고 이러한 논의 과정에서 비판적 사고 교육이 중점적으로 논의되기 시작하였다. 이후 2000년대에 이르러 클린턴 미국 대통령 자문위원회의 보고서인 『창조적 미국(*Creative America*)』에 이르러 새천년 미국을 이끌어 갈 핵심은 창의성과 비판적 사고라고 규정하고, 이에 대한 육성을 미국 교육의 목표로 설정하였다.[4] 그 결과 현재 미국의 공교육은 비판적 사고 교육을 통해 학생의 사고력을 증진시키는 일을 최우선 과제로 여기고 있다. 이에 여러 주립 대학들에서 비판적 사고 관련 과목을 필수 과목으로 개설하였고, 대학원 과정에 비판적 사고 프로그램을 설치하였으며, 비판적 사고를 연구하는 기관과 학회들을 중심으로 비판적 사고의 연구와 교육에 많은 관심과 자원을 투입하고 있는 중이다.

우리나라에서도 그동안 비판적 사고에 대한 개별 연구자들의 산발적인 관심과 노력이 어느 정도 축적되었고, 대입 수학능력시험이나 논술고사, 공무원 선발 및 전문대학원 입학시험, 민간 기업의 입사시험 등에서 비판적 사고 능력을 측정하기 시작하면서 비판적 사고에 대한 관심과 수요가 폭발적으로 증가하기 시작하였다. 특히 2000년대를 전후하여 많은 대학들이 교양 교육 과정을 개편하는 과정에서 비판적 사고를 활용한 의사소통 교육 영역을 신설함으로써 글쓰기 및 말하기 교육과 더불어 비판적 사고 교육은 오늘날 우리 사회의 대학 교양 교육에서 가장 핵심적인 역할을 수행하고 있는 분야이다.

비판적 사고의 확산과 교육에 대한 강조는 기본적으로 정보화 및 세계화로 특징지어지는 현대사회의 경향과 연관되어 있다. 우리는 이제 누구나 인터넷을 통해 방대한 정보와 지식에 접근할 수 있게 되었다. 그런데 정보와 지식을 소유하고 축적하는 것에 대한 가치는 과거에 비해 현저히 낮아졌다. 오늘날 가치를 창출하는 핵심은 지식을 소유하고 축적하는 데 있지 않고, 발견한 정보와 지식을 조합하고 구성하여 급격한 환경 변화에 따라 발생하는 새로운 문제에 적절히 대응할 수 있는 창의적 문제 해결 방안을 마련하는 데 있다. 이런 점에서 기존의 정보와 지식을 비판적으로 평가하고 새로운 대안을 모색하는 비판적 사고 능력은 창의적 문제 해결을 위한 필수 요소이고, 비판적 사고 교육은 환경 변화에 따라 발생하는 새로운 문제에 대응할 수 있는 상황 적응적 인지 능력과 창의성의 원천인 영역 전이적 통찰력을 향상시키는 가장 효과적인 교육 방안인 것이다.[5]

2. 비판적 사고란 무엇인가

비판적 사고는 소크라테스의 문답법에까지 그 기원을 추적할 수 있으나, 현대적 의미의 비판적 사고 운동은 존 듀이(John Dewey)가 1910년 사고에 관한 그의 연구서인 『사고의 방법(How We Think)』[6]을 출간함으로써 시작되었다. 이런 점에서 미국의 철학자이자 심리학자이며 교육학자인 존 듀이는 오늘날 비판적 사고 운동의 개척자로 여겨진다. 듀이 이후 비판적 사고 운동의 전통을 계승한 주요 인물들로는 에드워드 글레이저(Edward Glazer), 로버트 에니스(Robert Ennis), 리처드 폴(Richard W. Paul), 마이클 스크

리븐(Michael Scriven) 등을 꼽을 수 있다. 여기에서는 비판적 사고에 대한 이들의 정의를 중심으로 비판적 사고 운동의 역사를 한번 살펴보도록 하자.[7]

존 듀이는 비판적 사고를 '반성적 사고(reflective thinking)'라고 불렀고, 이를 다음과 같이 정의하였다. "믿음을 지지하는 근거와 믿음으로부터 더 나아간 결론의 견지에서 믿음 또는 가설적 형태의 지식을 능동적이고 지속적으로 주의 깊게 고려하는 것."[8] 듀이의 이러한 정의는 추리의 근거를 제시하고, 함축에 이르기까지 추리를 가능한 한 잘 평가하는 것에 중요성을 부여하고 있다. 오늘날 비판적 사고는 이보다 더 많은 내용을 포함하게 되었지만, 추리에 대한 숙련된 이해와 평가는 비판적 사고 교육의 핵심이라고 말할 수 있다.

에드워드 글레이저는 비판적 사고에 관한 듀이의 아이디어를 발전시켜, 비판적 사고의 지식이나 기량 못지않게 비판적 사고의 성향이 중요하다는 점을 강조하고 있다. 그의 정의는 다음과 같다. "자신의 경험 범위 안에 들어오는 문제와 주제를 사려 깊은 방식으로 고려하고자 하는 성향적 태도(dispositional attitude); 논리적 탐구와 추리의 방법들에 대한 지식; 그러한 방법들을 적용하는 기량(skill). 비판적 사고는 믿음을 지지하는 증거와 믿음으로부터 더 나아간 결론의 견지에서 믿음 또는 가설적 형태의 지식을 검토하려는 지속적인 노력을 요구한다."9)

로버트 에니스는 오늘날 비판적 사고 분야에서 가장 널리 받아들여지는 정의를 제시하였는데, 그것은 다음과 같다. "비판적 사고는 무엇을 믿고 무엇을 할 것인지에 관한 의사 결정에 초점을 맞춘 합당하고 반성적인 사고이다."10) 여기에서 에니스는 비판적 사고에 관한 앞선 이들의 정의에는 명시적으로 언급되지 않았던 의사 결정에 관해 말하고 있다. 그리고 에니스 이후 의사 결정은 비판적 사고의 주요 영역으로 간주되기 시작하였다.

리처드 폴은 현재 비판적 사고 운동을 가장 활발하게 이끌고 있는 학자인데, 비판적 사고를 체계화하고, 비판적 사고의 적용 영역을 꾸준히 넓혀 가고 있는 중이다. 비판적 사고에 관한 그의 정의는 다음과 같다. "변증법적 추론 능력을 일컬으며, 이는 궁극적으로 개인적 편견과 그릇된 정보, 그리고 외적인 간섭 요인에 사로잡히지 않는 공정한 마음의 자세에 의한 합리적 문제 해결과 의사 결정을 위한 것."11) "비판적 사고는 (어떤 주제나 내용 또는 문제에 관한) 사고의 양태이다. 그 속에서 사고 속에 내재한 구조들을 숙련시키고 그것들에 지적 기준을 부과함으로써 자신의 사고의 질을 증진시킨다."12) 리처드 폴은 그의 첫 번째 정의에서 비판적 사고가 의사 결정뿐만 아니라 문제 해결의 영역까지 포함하고 있음을 밝히고 있다. 또한 그는 두 번째 정의에서 비판적 사고 능력을 계발할 수 있는 방법은 '자신의 사고에 대한 사고', 즉 상위 인지적 접근을 통해 이루어져야 한다고 주장하고 있다.

마이클 스크리븐은 가장 최근에 비판적 사고를 다음과 같이 정의하였다. "비판적 사고는 관찰과 의사소통, 정보와 논증에 대한 숙련되고 능동적인 해석과 평가이다(A. Fisher and M. Scriven, 1997: 21)."[13] 그가 내린 정의의 가장 큰 특징은 경험적 관찰이 비판적 사고의 주제가 될 수 있음을 인식한 것과 비판적 사고란 읽기 및 쓰기와 유사한 능력으로서, 의사소통이 비판적 사고의 주요 영역임을 밝힌 것이다.

이처럼 비판적 사고는 계속 확장되면서 지금도 발전 중인 개념이지만, 비판적 사고에 대한 정의가 학자들마다 약간씩 차이가 있어 비판적 사고에 관한 어느 정도 합의된 정의와 설명이 요구되었다. 이에 미국 철학회(American Philosophical Association)는 철학자, 심리학자, 교육학자 등 비판적 사고의 전문가들에게 비판적 사고에 관한 합의된 정의와 설명을 요청하였고, 그들은 1988년부터 1990년까지 2년여에 걸쳐 공동으로 논의한 결과를 델피 보고서[14]로 제출하였다.

델피 보고서에 합의된 비판적 사고에 관한 핵심적 내용은 다음과 같다: "우리는 비판적 사고가 해석, 분석, 평가,

추론, 그리고 설명을 산출하는 의도적인 자기 규제적 판단이라고 이해한다. 그리고 해석, 분석, 평가, 추론 및 설명을 할 때는 그 판단이 기초하고 있는 근거, 개념, 방법, 기준, 또는 맥락 등의 측면들을 고려한다. 비판적 사고는 탐구의 도구로서 필요 불가결하다. 그래서 비판적 사고는 교육에서는 (무지의 족쇄로부터 벗어나 자유를 획득하게 해주는) 해방의 힘이며, 개인적, 사회적 삶에서는 위력을 지닌 자산이다. 비판적 사고는 '훌륭한 생각'과는 동의어가 아닌, 널리 퍼져 있는 자기 교정적인 인간 현상이다. 결국 이상적인 비판적 사고자는 습관적으로 이유를 꼬치꼬치 묻고, 잘 알고자 하고, 근거를 중시하고, 평가에 있어 열린 마음을 지니고, 유연하고, 공정하고, 개인적 편견을 다룸에 있어서 성실하고, 판단을 내리는 데 있어서 신중하고, 기꺼이 재고하고, 현안 문제들에 대해 명료하고, 복잡한 문제를 다루는 데 있어서 체계적이고, 유관한 정보를 부지런히 찾고, 표준을 선택하는 데 있어서 합리적이고, 집중하여 탐구하고, 주제와 탐구의 상황이 허락되는 한 되도록 정확한 결과를 끈기 있게 추구한다. 그래서 훌륭한 비판적 사고자를 교육시킨다는 것은 이 이상을 향해 노력한다는 것을 뜻한다. 즉, 훌륭한 비판적 사고자 교육은 비판적 사고의 숙련된 기량을 터득하게 함과 동시에, 꾸준히 유용한 통찰을 산출하는 그리고 이성적이고 민주적인 사회의 초석이 될 비판적 사고의 성향을 함양하는 것이다.”15) 비판적 사고에 관한 델피 보고서의 내용은 다소 산만하기는 하지만 비판적 사고의 앞선 정의들에 나온 내용들을 종합적으로 반영하고 있을 뿐만 아니라, 비판적 사고 교육의 방법, 나아가 비판적 사고 교육의 이상과 목표 등을 잘 설명해 주고 있다.

3. 비판적 사고의 문제 해결 과정

비판적 사고의 문제 해결 과정은 간단하게는 3단계부터 복잡하게는 9단계에 이르기까지 다양한 방식으로 구성해 볼 수 있다. 비판적 사고의 문제 해결 과정을 단계별로 정리해 보면 다음과 같이 정식화할 수 있다.16)

1) 풀어야 할 문제에 대한 정의

(1) 자신의 가장 근본적인 목표와 목적 그리고 필요를 알아내고 세부적 정식화를 시도하라. 그리고 세부적으로 정식화된 목표, 목적, 필요를 평가하라. 자신의 목표를 달성하고 목적을 성취하며 필요를 만족시키는 데 발생할 문제들을 인식하라.

(2) 인식된 문제들을 하나씩 고려하라. 가능한 한 분명하

고 명료하게 문제를 진술하라.

2) 최적의 문제 해결안 창출

2-1) 문제 해결을 위한 가능한 선택지 탐색

(3) 자신이 다루고 있는 문제의 유형을 분명하게 인식하기 위해, 문제를 조사하고 검토하라. 문제 해결에 필요한 개념을 분명하고 명료하게 정의하고 분석하며, 그 문제를 해결하기 위해 무슨 종류의 일들을 해야만 하는지 생각해 보라. 자신의 통제하에 있는 문제와 통제를 벗어난 문제를 구별하라. 자신의 통제를 벗어난 문제는 제쳐 놓아라. 자신이 풀 수 있는 문제들에 집중하라.

(4) 문제 해결에 필요한 정보를 알아내고, 그 정보를 적극적으로 찾아내라. 그리고 자신이 모은 정보를 해석하고, 분석하고, 평가하라.

(5) 해석, 분석, 평가된 정보에서 합당한 추론을 이끌어 내라. 이때 빠뜨린 숨은 전제가 없는지 확인하라.

2-2) 문제 해결을 위한 선택지 구성 및 결정

(6) 자신이 어떤 행동을 할 수 있을지 선택지들에 대해 생각해 보라. 단기적으로 무엇을 할 수 있을 것인가?

또 장기적으로는 무엇을 할 수 있는가? 돈, 시간, 노력에 있어서 자신의 한계를 명확히 인식하라. 그러기 위해서는 선택의 관점과 함축에 대해 충분히 고려해야 한다.

(7) 선택 목록 중 최선의 것을 선택하라. 자신이 선택한 선택지의 장점과 단점을 고려하면서 자신이 처한 상황(맥락) 속에서 평가하라. 즉, 선택한 입장에 대해 선택의 결과를 좀 더 다각적이고 포괄적으로 모니터링하라. 관점을 바꿔 생각해 보거나 지평을 확대하라. 그리고 함축을 다시 한번 고려해 보라.

3) 문제 해결안의 실행과 반성(평가 및 조정)

(8) 문제 해결에 이르는 전략적 접근을 채택하고 그 전략에 철저히 따르라. 이것은 직접적 행동을 포함할 수도 있고, 신중한 사고에 의거한 기다려보기 전략을 포함할 수도 있다.

(9) 자신이 행동할 때, 자신의 행동이 야기할 함축을 모니터링하라. 목적을 다시 한번 생각해 보고, 더 많은 정보를 얻게 됨에 따라 상황이 요구된다면, 문제에 관한 자신의 전략을 바꿀 준비를 하라.

4. 비판적 사고의 요소와 기준

비판적 사고의 요소와 기준은 텍스트를 분석하고 평가하는 데 매우 유용하게 활용할 수 있는 비판적 사고의 기량(skill)이다. 우리가 텍스트를 분석하고 평가한다는 것은 어떤 '요소'를 특정 '기준'에 맞추어 가늠해 보는 것을 의미한다. 따라서 텍스트를 분석하고 평가하는 것은 텍스트를 구성하는 무엇(요소)이 어떠한지(기준)를 따져보는 그러한 일에 해당한다. 그래서 비판적 사고의 요소와 기준은 효과적 의사소통의 도구로서 기능한다. 특히 말이나 글의 핵심 내용을 정리하는 요약문을 작성할 때 비판적 사고의 요소를 활용할 수 있고, 이를 객관적으로 평가하는 논평문을 작성할 때 비판적 사고의 요소와 더불어 비판적 사고의 기준을 활용할 수 있다.

다만, 비판적 사고의 요소와 기준은 다양한 방식으로 정리하여 목록화할 수 있다. 이는 제시된 텍스트의 성격에 따라 달라질 수도 있고, 심지어 말로 접근하는지 글로 접근하는지에 따라 달라질 수도 있다. 그렇기에 그동안 비판적 사고의 전문가들이 제시한 비판적 사고의 요소와 기준의 목록 역시 매우 다양하다. 예를 들어, 제랄드 M. 노시치는 목적, 현안문제, 개념, 가정, 관점, 추론, 결론, 정보, 맥락, 대안이라는 10가지 요소와 분명함, 정확성, 명료성, 적절성, 중요성, 폭넓음, 충분함, 깊이라는 8가지 기준을 제시하였다. 리처드 폴은 목적, 현안문제, 개념, 가정, 관점, 추론, 결론, 정보의 8가지 요소와 분명함, 정확성, 명료성, 적절성, 중요성, 폭넓음, 깊이라는 7가지 기준을 제시하였다. 김영정은 목적, 현안문제, 개념, 정보, 전제, 결론, 관점, 함축, 맥락의 9가지 요소와 분명함, 정확성, 명료성, 적절성, 중요성, 논리성, 폭넓음, 충분함, 깊이의 9가지 기준을 제시하였다.[17) 그러나 이러한 요소와 기준의 실질적 내용은 기본적으로 대동소이하다고 하겠다.

　비판적 사고의 요소와 기준은 그 개수가 많아지면 보다 정밀한 분석과 평가를 할 수 있다는 장점이 있지만 실제로 그것들을 적용하는 텍스트의 내용이 항상 그렇게 상세하게 구분될 수 있는 것은 아니다. 그래서 어떤 학자가 비판적 사고의 요소와 기준을 더 많이 더 상세하게 제시했다고 해서 비판적 사고에 관한 더 발전된 이론을 제안한 것이라고 말할 수는 없다. 오히려 주어진 맥락과 상황을 고려하여 적절한 개수의 요소와 기준을 선별하거나 재정의하여 사용하는 것이 비판적 사고 교육의 취지와 정신에 더 부합한다고 여겨진다.

　여기에서는 비판적 사고 연구자들 가운데 김영정이 제안한 비판적 사고의 9가지 요소와 9가지 기준을 활용해 보자.[18)

1) 비판적 사고의 9가지 요소

비판적 사고의 9가지 요소(PIC-PIC-PIC)		
목적 purpose	전제 presupposition	관점 point of view
문제 question at issue	정보 information	함축 implication
개념 concept	결론 conclusion	맥락 context

2) 비판적 사고의 9가지 기준

비판적 사고의 9가지 요소(CAP-RIL-BED)		
분명함 clarity	적절성 relevance	폭넓음 breadth
정확성 accuracy	중요성 importance	충분함 enough/sufficiency
명료성 precision	논리성 logicalness	깊이 depth

비판적 사고의 기량이 능숙한 사람은 제시된 비판적 사고의 기준들과 요소들을 활용하되 주어진 문제 상황에 따라 어떤 요소들에 좀 더 큰 가중치를 두어 생각해야 하는지에 대해서도 신중하게 생각할 것이다. 동일한 문제라고 하더라도 그 문제를 둘러싼 맥락이 달라지면 문제의 의미도 달라질 수 있기 때문이다. 이러한 유연성은 비판적 사고의 궁극적인 목적이 문제 해결을 지향하는 사고라는 점

에서 비롯한다. 따라서 문제 해결을 목표로 하는 비판적 사고에는 아주 느슨한 의미의 규범성이 작동하고 있다. 즉 주어진 문제 상황에서 '어떻게 생각하고 어떻게 해결책을 모색해야 하는지'에 대한 실천적 권고가 포함되어 있다고 말할 수 있다. 이를 비판적 사고의 요소와 기준을 결합시켜 생각해 보자.

3) 비판적 사고의 9가지 요소와 9가지 기준의 결합

(1) 모든 사고에는 목적이 있다. 우리의 사고는 그것의 목적이 분명하고 중요하고 현실적이고 일관적일수록 더 훌륭해진다.

(2) 모든 사고는 어떤 것을 생각해 내고 물음에 답하고 문제를 풀려는 시도이다. 우리의 사고는 그것이 답하고자 하는 문제가 분명하고 중요하고 답변 가능하고 맥락에 적절할수록 더 훌륭해진다.

(3) 모든 사고는 개념과 관념을 통해 형성되고 표현된다. 우리의 사고는 그것을 형성하는 개념이 분명하고 적절하고 깊이 있고 폭넓은 만큼 분명하고 적절하고 깊이 있고 폭넓다.

(4) 모든 사고는 전제에 근거한다. 우리의 사고는 그것이 갖고 있는 전제가 건전한 만큼 건전하다.

(5) 모든 사고는 자료, 정보, 증거, 경험에 근거한다. 우리의 사고는 그것이 기반하고 있는 정보가 건전한 만큼 건전하다.

(6) 모든 사고는 추론을 포함하는데 그 추론을 통해 우리는 결론을 도출하고 자료에 의미를 부여한다. 우리의 사고는 그것이 하고 있는 추론과 그것이 도달하는 결론이 건전한 만큼 건전하다.

(7) 모든 사고는 어떤 관점으로부터 나온다. 우리의 사고는 적절한 관점이 복수로 추구되고, 분명하게 규정되고, 공정하고 논리적으로 고려되고, 일관적이고 냉철하게 적용될 때 더 훌륭해진다.

(8) 모든 사고는 어딘가로 향하고 있으며 함축과 귀결을 갖는다. 우리의 사고는 그것이 지니는 함축과 귀결이 중요하고 적절하고 분명하고 명료하고 완전할수록 더 훌륭해진다.

(9) 모든 사고는 특정한 맥락과 상황 속에서 이루어진다. 우리의 사고는 그것이 고려하고 있는 맥락이 중요하고 적절하고 분명하고 폭넓고 완전할수록 더 훌륭해진다.

우리가 알고 있듯이 오늘날의 사회는 과거와 비할 바 없이 복잡해졌다. 그 복잡성은 당연히 우리가 부딪치고 해결해야만 하는 문제의 복잡성을 유발한다. 전통적인 농경 사회와 같이 직업의 종류도 다양하지 않고 문제 상황도 제한적이며 매뉴얼화 되어 있는 지식의 유효 기간이 긴 사회에서는 특정한 알고리듬적 지식만 가지고서도 문제를 해결하기가 용이하다. 그러나 오늘날과 같이 매일매일 새로운 지식과 새로운 문제가 생겨나고, 그에 따라 지식의 유효 기간이 짧아진 사회에서는 과거와 같은 문제 해결 방식으로는 문제를 제대로 해결하기 어렵다. 간단히 말해 복잡한 사회는 복잡한 문제를 낳으며, 복잡한 문제는 더 정교한 문제 해결을 요구하기 마련이다. 이러한 상황은 개별적인 문제들에 대한 구체적인 지식이 아니라 문제 일반을 다루는 태도의 변화를 요구한다. 오늘날 비판적 사고가 강조되는 이유가 바로 여기에 있다.

오늘날의 상황을 고려할 때 비판적 사고와 공학적 사고와의 관련성을 짐작하는 것은 어렵지 않다. 둘 다 문제 해결을 지향하는 사고이기 때문이다. 아래에서는 비판적 사고가 공학적 사고와 어떤 관련이 있는지, 특히 오늘날 공학적 사고에서 강조되고 있는 창의적 문제 해결력과 관련해서 비판적 사고가 어떤 역할을 하며 또 공학적 문제 해결 과정에서 비판적 사고를 어떻게 활용할 수 있는지에 대한 논의들이 나타나 있다.

미주

* 이 장(章)은 "박상태(2020), 공학교육에서의 비판적 사고의 활용 방안, **공학교육연구**, 23(6): 27-32"를 수정·보완한 것이다.

1) 김영정(2004), 비판적 사고와 공학 교육 (1회), **공학 교육**, 11(1): 1.

2) National Assessment of Education Progress(1983), *A Nation at Risk: The Imperative for Educational Reforms*, Washington D. C.: U. S. Government Printing Office.

3) Kerry S. Walters(1994), Introduction: Beyond Logicism in Critical Thinking, in Kerry S. Walters(ed.), *Re-Thinking Reason: New Perspectives in Critical Thinking*, Albany: State University of New York Press; 김광수(2002), 비판적 사고론, **철학연구**, 58: 6.

4) 김기현·김영정(2004), 비판적 사고의 역사적 고찰과 국내외 현황, **철학사상**, 별책 제4권: 1.

5) 김영정(2002), 창의성과 비판적 사고, **인지과학**, 13(4): 81-90.

6) John Dewey(1910), *How We Think*, Boston: D. C. Health and Co.

7) 김기현·김영정(2004), 비판적 사고의 역사적 고찰과 국내외 현황, **철학사상**, 별책 제 4권: 8-15.

8) John Dewey(1910), *How We Think*, Boston: D. C. Health and Co.: 9.

9) Edward Glazer(1941), *An Experiment in the Development of Critical Thinking*, Advanced School of Education at Teacher's College, Columbia University: 5.

10) S. Norris and R. Ennis(1989), *Evaluating Critical Thinking*, CA: Prentice Hall: 5-24.

11) Richard W. Paul(1984), Critical Thinking: Fundamental to Education for a Free Society, *Educational Leadership*, 42(1): 5-14.

12) R. Paul, A. Fisher and G. Nosich(1993), *Workshop on Critical Thinking Strategies*, Foundations for Critical Thinking, CA: Sonoma University: 4.

13) A. Fisher and M. Scriven(1997), *Critical Thinking: Its Definition and Assessment*, Edgepress and Centre for Research in Critical Thinking, University of East Anglia: 21.

14) The American Philosophical Association(1990), *Critical Thinking: A Statement of Expert Consensus for Purposes of Educational Assessment and Instruction*, ERIC Doc, No. ED.

15) The American Philosophical Association(1990), *Critical Thinking: A Statement of Expert Consensus for Purposes of Educational Assessment and Instruction*, ERIC Doc, No. ED: 3.

16) 김영정(2004), 비판적 사고와 공학 교육 (1회), **공학 교육**, 11(1): 76-77.

17) 박은진·김희정(2013), **비판적 사고**, 아카넷: 35-53.

18) 김영정(2005), 예술적 창의성과 과학적 창의성, **대한토목학회지**, 53(8): 126-132; 김영정·서원주(2004), 비판적 사고, 논리적 사고, 창의적 사고, **철학사상**, 별책 제4권: 41-51.

제 2 장

비판적 사고와 창의적 문제 해결력

1. 창의적 문제 해결과 공학 교육

2020년의 세계는 이제까지 겪어보지 못했던 새로운 도전에 직면해야 했다. 그것은 물론 COVID 19 바이러스로 인한 팬데믹 때문이었다. 과거에도 이러한 감염병의 위기는 있었지만 이토록 빠르고 강력한 영향력을 발휘한 적은 없었다. 그것은 세계 곳곳이 과거와 비할 바 없이 촘촘하게 연결되어 있다는 것을 의미한다. 교통수단의 발달에 따른 물리적 연결을 강화했고, 그에 따른 인적 교류와 물류의 연결은 빠르고 고도화되었다. 하지만 인류의 편익을 도모한 이 인프라는 유감스럽게도 팬데믹을 가속화시키는 통로도 되었다. 미처 준비할 여유도 없이 습격한 감염병의 위기는 우리 삶의 패러다임을 바꾸었으며 그 변화는 전방위적으로 영향을 끼쳤다. 노동 환경의 변화는 물론 소비 패턴, 그리고 교육 방식에 이르기까지 거의 모든 부분이 변화의 압력을 겪고 있다. 이런 변화는 일시적일까? COVID 19의 소용돌이가 잠잠해지면 과거로 되돌아갈 수 있을까?

대답은 회의적이다. 이른바 새로운 삶의 표준(new normal)은 더 광범위한 영역에서 우리의 삶에 영향을 미칠 것이다. 우리의 문명이 이미 그런 변화를 준비하고 있었기 때문이다. 다시 말해 팬데믹 현상이 초래한 비대면 문화는 인공지능(AI)과 자동화에 기초한 산업 영역의 변화, 이른바 '4차 산업혁명'으로 일컬어진 변화와 같은 방향에 서 있다. 비록 아직은 제한된 의미이기는 하지만 이번의 팬데믹 현상은 디지털 기술의 발전에 기초한 사회적 변화를 더욱 가속화시킬 가능성이 높다. 비대면 문화는 우리 삶의 디지털 기술 의존도를 높이고 그에 따라 발생하는 다양한 문제들 역시 인공지능 기술과 자동화 기술을 통해 극복해야 할 것처럼 보이기 때문이다.

이렇게 커다란 사회적 변화가 예고되었을 때 늘 소환되는 인간의 능력이 있다. 창의적 문제 해결력이 그것이다. 실제로 세계경제포럼(WEF)에서 2020년도에 전 세계의 기업체들을 상대로 조사한 결과에 따르면, 향후에 요구되는 지적 역량의 최상위권은 비판적 사고와 분석력, 능동적인 학습 역량과 전략, 그리고 복잡한 문제 해결 능력이었다.[1] 이러한 요구는 한편으로 자연스럽다. 우리 사회의 복잡성은 지난 몇 세대 동안 지속적으로 증가해 왔다. 이는 기존의 문제 해결 방식이나 단순 전승되어 온 지식만으로는 해결하기 어려운 문제들이 늘어난다는 것을 의미한다. 이미 세계경제포럼의 2015년 조사에서도 비판적 사고와 문제 해결력은 사회에서 요구되는 지적 역량의 최상위권에 있었다. 그때는 인공지능과 디지털 기술 발전에 따른 4차 산업 혁명이 거론되던 시기였다.

확실히 우리 사회가 요구하고 강조하는 인지 역량은 우리의 미래 전망과 무관하지 않다. COVID 19로 인한 변화 탓이든, 디지털 혁명으로 인한 변화 탓이든 사회적으로 급격한 변화가 예견될 때, 주어진 문제를 새로운 관점에서 정의하고 새로운 해결책을 찾는 창의적 문제 해결력에 대한 요구가 증가하는 것은 당연해 보인다. 이러한 사회적 환경은 공학 교육에 있어서도 중요한 함의를 갖고 있다. 공학 교육이 목표로 하는 인지 역량 중 하나가 바로 창의적인 문제 해결력이기 때문이다. 창의적 문제 해결력은 창의성과 문제 해결력이라는 두 인지 범주의 합성이다. 모든 문제 해결이 창의적이지는 않다. 또 모든 창의적인 것들이 문제 해결력을 갖고 있는 것도 아니다. 따라서 공학 교육이 공학도들에게 창의적인 문제 해결력을 길러주고자 한다면, 창의성 교육에 대한 좀 더 면밀한 접근이 필요하다.

일반적으로 공학은 수학이나 과학적 지식을 활용하여 현실의 문제를 해결하는 도구나 기술을 설계하고 제작하는 일련의 활동을 의미한다. 그러나 그 문제 해결력이 앞서 언급한 것처럼 단순히 기존의 지식을 단순 적용하는 것은 아니다. 본래 공학(engineering)이라는 말 자체가 라틴어의 'ingenium'으로부터 온 말이며 그것은 뛰어난 생각이나 천재적인 발상을 의미한다. 최근 기술 발전 상황과 속도를 고려한다면 단순 지식을 활용하여 문제를 해결하는 일은 아마도 인공지능이 떠맡게 될 것이다. 오늘날 공학 교육에서 창의성이 강조되는 이유도 그 때문이다.

통상 창의성은 발산적 사고로 보는 경향이 있다. 반면에 비판적 사고는 과학적 사고와 함께 신뢰할 만한 정보를 수집하고 올바른 판단을 끌어내는 수렴적 사고로 이해되곤 한다.2) 비판적 사고가 그런 기능을 갖고 있다는 것은 분명하다. 하지만 그렇게만 말한다면 비판적 사고를 다소 편협하게 이해하게 만들 수 있다. 예를 들면 창의성이 새로운 무언가를 찾아내는 일과 관련이 있다면, 창의성이 발현되기 위한 조건은 비판적 사고와 무관하지 않다. 새로운 것은 낡은 것의 효력을 잠시 정지시키는 것으로부터 시작될 수 있기 때문이다. 낡은 것, 그래서 익숙하고 당연하게 여겨지는 것의 효력을 정지시키는 작업은 비판적 사고의 가장 중요한 태도이다. 따라서 공학 교육에서 창의적 문제 해결력이 중요하다면, 무엇보다 비판적 사고 교육을 분명히 이해하는 것이 필요하다.

2. 창의성 교육과 전문가 시스템(Expert System)

창의성 연구의 선구자들 중 한 명인 길포드(J. P. Guilford)는 1950년의 한 강연에서 대학을 우수한 성적으로 졸업한 사람들이 "이미 학습한 기술을 적용해서 과제를 해결하는 데는 탁월하지만 새로운 길을 발견해야 하는 과제에 대해서는 어쩔 줄 몰라" 하는 경우가 많다고 말한 바 있다.3) 이미 70여 년 전의 문제의식이지만 인공지능이 노동 시장에 진입하기 시작하는 최근의 상황에서 그의 문제의식은 도리어 생동감 있게 들린다. 실제로 인공지능은 몇몇 영역에서 인간을 대체하고 있는 중이다. 기계적 장치의 결함을 판단하고 수리가 필요한지 여부를 과거에는 기계 전문가가 판단해야 했지만 이제는 기계 스스로가 자신을 진단하고 언제쯤이면 자신의 부품에 문제가 생길지를 예측해서 보고하기까지 한다. 과거라면 전문가의 역량으로 불리어야 할 것들이 인공지능 기술을 매개로 기계에 탑재되는 것이다.

1980년대 제2차 인공지능 붐의 원동력은 전문가 시스템

(Expert System)의 발전이었다.[4] 예를 들어 의료 영역에서 사용된 진단용 전문가 시스템인 MYCIN은 잘 정의된 알고리듬을 통해 사용자가 해당 영역의 전문가가 아니라도 프로그램이 제시한 질문에 정확하게 대답하기만 하면 전문가적인 판단에 도달하도록 설계되었다. MYCIN을 비롯한 전문가 시스템은 대개 추론 엔진(inference engine)과 지식 베이스(knowledge base)로 구성되어 있다. 즉, 인간 전문가들의 지식을 잘 정의하고 의미론적으로 분류해서 사용자가 도움이 필요한 경우 적절한 단계를 거치면 언제든지 사용할 수 있도록 구조화되었다.

병원성 세균의 하나로 면역력이 약한 환자가 감염되었을 경우 심각한 문제를 일으킬 수 있는 녹농균을 진단하는 경우를 생각해 보자. 프로그램은 사용자에게 이렇게 묻는다.

질문 1: 배양지는 무엇입니까?
질문 2: 그램 염색 반응은?
질문 3: 세균의 모양은?
질문 4: 환자의 통증 정도는?

프로그램 사용자는 제시된 질문들에 대해 하나씩 대답해 감으로써 결과적으로 문제의 균이 녹농균인지 여부를 알 수 있게 된다. 프로그램이 제시한 질문들은 혈액에서 배양한 균이 그램 염색 반응에서 음성이 나오고 세균의 형태가 막대형이며 환자의 통증이 심할 경우 그 균은 녹농균일 가능성이 높다는 인간 전문가의 지식을 반영한 것이다. 이 프로그램을 만든 공학자는 전문가의 지식을 분석하고 절차적으로 재구성함으로써 기초적인 지식만을 갖고 있는 사용자가 결과적으로 전문가적 판단에 도달할 수 있도록 한 것이다.

이와 같은 전문가 시스템이 1980년대 당시 한계에 부딪쳤던 이유는 당시 기술 수준에서 그 시스템의 실질적인 효용성이 그리 높지 않았기 때문이었다. 무엇보다 전문가 시스템에 활용될 지식을 지속적으로 업데이트하고 관리하는 비용이 만만치 않았다. 그러나 최근 데이터 과학 분야의 기술적 발전은 인공지능으로 하여금 스스로 학습하고 판단할 수 있게 할 정도에까지 이르고 있다. 게다가 자연어 처리 기법의 발전은 기계와 인간의 소통을 크게 개선하였다. 그래서 오직 인간만의 영역이라고 생각해 왔던 의료 영역이나 법률, 금융, 회계, 그리고 간단한 신문 기사 작성에 이르기까지 광범위하게 활용되기 시작했다. 인공지능은 이제 이른바 화이트칼라의 지식 노동마저도 빠르게 대체해 나가고 있다.

인공지능이 인간의 지식 노동을 대체할 수 있는지를 둘러싼 논란은 분명 과장된 면이 있기는 하지만 그동안 우리가 전문가라고 불렀던 사람들의 지적 작업을 인공지능이 대신할 수 있는 가능성만큼은 과거에 비할 바 없이 선명해 졌다. 최근에는 프로그램을 직접 만들 수 있는 프로그램에 대한 연구도 같이 발전하고 있어 아마도 머지않아 인공지 능이 또 다른 인공지능을 설계한다는 이야기가 낯설지 않 게 들릴지 모를 일이다.5) 이러한 상황은 한편으로 생각 (thinking)의 본질이 무엇인지를 묻게 하고, 더 나아가 생각 과 판단의 문제에 있어 기계적 프로그램과는 다른 인간만 의 고유한 특성이 무엇인지를 묻게 한다.

인간의 판단 능력을 재현하는 기계적 알고리듬과 인간의 사고 작용 사이의 차이는 무엇보다 창의성에 있다. 기계는 오직 주어진 데이터에 기초해 판단한다. 따라서 기존의 데 이터로 판단할 수 없는 새로운 상황에서는 판단의 적절성 을 신뢰하기가 어렵다. 다시 말하자면 정량적이고 통계적 인 정보에 기초한 의사 결정은 통계적인 추측이 어려운 질 적인 사고를 필요로 하는 문제에서는 그 효과를 기대하기 어렵다. 데이터 과학자인 차시 코지르코프(C. Kozyrkov)가 좋은 의사 결정을 하기 위해서 데이터에 의존하는 것보다 더 중요한 것은 문제를 둘러싼 맥락을 이해하는 것이라고 강조한 이유도 그 때문이다.6) 의사 결정 과정에서 주어진 데이터에 매몰되지 말고 맥락을 보라는 요구는 보이는 것 을 넘어 보이지 않는 것을 보라는 요구다. 맥락(context)은 우리의 일상적인 지각 경험에서 대상의 배경과 같은 역할을 한다. 우리가 어떤 사물을 지각할 때 우리의 시선은 그 사물에 집중되고 그 배경은 잘 보이지 않는다. 데이터에 매몰되는 것, 혹은 주어진 문제에만 집착하는 것은 우리가 주목하고 있는 대상만 보고 그 대상을 둘러싼 배경을 보지 못하는 것과 같다.

우리의 눈앞에 주어진 것들은 실증적(positive)이다. 따라서 객관적이고 검증 가능하며 의미를 확정하는 것도 용이하다. 그런 의미에서 과학적 사고는 실증적이어야 한다. 그러나 바로 그 요구 때문에 주어진 문제와 관련된 다른 가능성을 생각해 보는 자유를 발휘하기가 쉽지 않다. 눈앞의 데이터를 해석해 오던 오랜 고정관념이 다른 해석의 가능성을 억압하기 때문이다. 새로운 길을 발견해야 하는 창의적인 문제 해결은 바로 그런 자유로운 해석을 전제로 할 때 비로소 가능하다. 그것은 눈앞에 주어진 실증적인 자료들의 압박에서 벗어날 수 있는 상상력과 인지적 자유를 필요로 한다. 공학 교육의 목표 중 하나가 창의적인 문제 해결력을 기르는 일이라면, 그런 생각의 자유로움 또한 가르쳐져야만 한다. 다만 창의성 교육은 지식을 전달하는 일과 달리 매우 어려운 과제이다. 무엇보다 창의성은 일종의 타고난 재능처럼 여겨지기 때문이다. 이때 정교한 풀어 쓰기(paraphrasing)가 창의성 교육의 실마리를 제공한다.

창의성 교육을 한다는 것은 창의성이 교실 안에서 가르

쳐질 수 있다는 것을 의미한다. 그러나 오랫동안 창의성은 특별한 재능을 가진 사람들의 지적 역량으로 여겨져 왔다. 창의성에 대한 이러한 관념은 창의성 교육에서 일종의 장애로 작동한다. 예를 들어 창의적이지 않은 교수자가 창의적인 학생을 길러낼 수 있을까? 그것은 마치 천재가 아닌 교수자가 천재인 학생을 가르치는 것과 마찬가지가 아닐까? 그런 의미에서 창의성 교육은 오랫동안 하나의 딜레마였다. 그러나 창의성을 시대를 바꾸는 천재적 작업만이 아니라 일상에서의 뛰어난 문제 해결력을 포함하는 것으로 생각한다면 딜레마는 해소될 수 있다.[7] 문제를 해결하는 방법 자체는 교실에서 가르쳐질 수 있기 때문이다.

물론 여기서 주의해야 할 것은 창의성이라는 인지 범주가 매개된 문제 해결력과 단순히 기존의 문제풀이 방법을 적용해서 문제를 해결하는 역량은 구분되어야 한다는 점이다. 공학 교육이 의도하는 문제 해결력은 당연히 전자여야 한다. 이 경우 비판적 사고는 학생들이 창의적 문제 해결력을 기르는 데 도움을 줄 수 있을 것이다. 특히 앞에서 언급한 길포드가 주목했던 것처럼 기존의 문제풀이 알고리듬에 순치되어 있는 학생들에게 도움이 될 수 있다. 무엇보다 비판적 사고의 핵심은 주어진 것의 타당성 효력을 잠시 정지시키고 그 의미를 되묻는 과정이기 때문이다.

3. 창의적 문제 해결의 알고리듬과 비판적 사고

일반적으로 문제 해결 과정은 다음과 같은 절차로 형식화될 수 있다.

[그림 2.1] 일반적인 문제 해결 절차

문제 해결 과정은 전체적으로 하나의 피드백 과정으로서 성과가 목표에 도달하지 못할 경우 이전 단계로 돌아가 새로운 내용으로 다시 반복할 수 있다. 이렇게 잘 정의된 절차적 과정은 문제를 해결하는 하나의 알고리듬이다. 인공지능이 문제를 해결하는 과정 역시 이러한 알고리듬과 다르지 않다. 또한 요즘 창의적인 문제 해결 과정으로 주목받는 디자인 싱킹(design thinking)도 마찬가지이다. 문제 상황이나 사용자의 요구에 공감(Empathize)하고, 그에 따라 문제를 정의(Define)한 뒤, 문제를 풀 수 있는 아이디어를 고안(Ideate)하고, 시제품을 구현(Ideate)하고, 테스트(Test)해 보는 일련의 과정 역시 일반적인 문제 해결의 절차적 과정과 크게 다르지 않다.

결국 이러한 문제 해결 과정들의 핵심은 앞서 전문가 시스템의 설계처럼 우리의 사고 과정을 잘 정의된 절차적 과정으로 번역하는 데 있다. 그것은 뛰어난 문제 해결을 천재의 우연한 발상에 의존하게 하지 않는다. 도리어 그 어느 누구라도 제시된 절차적 과정을 준수함으로써 목표 상태에 도달하게 해 준다. 이는 뛰어난 문제 해결력으로서의 창의적 문제 해결을 지적 역량이 탁월한 사람의 전유물이 아니라 모든 사람이 누릴 수 있는 지적 성과로 만들어준다. 비유적으로 말하자면 형식이 내용을 만들어내는 것이라 할 수 있다. 근대 과학의 발전사를 일별하면서 화이트헤드(A. N. Whitehead)는 이러한 성과를 '발명 방법의 발명(invention of the method of invention)'이라는 말로 압축한다.

화이트헤드는 이러한 문제 해결 방법의 발명을 19세기의 최대 발명으로 간주한다. 그래서 "공업학교나 공과대학에서는 어쩌다 나타나는 천재나 우연히 떠오르는 행운의 착상을 기다리지 않더라도 발전을 거듭할 수 있었다"고 말한다.8) 인류에게 유용한 제품을 만들어내는 공장에서, 더 나아가 과학적 탐구 일반에서 문제를 해결해 나가는 범용적 문제 해결 알고리듬은 말 그대로 강력한 도구였다. 학문 발전사가 보여주듯이 잘 다듬어진 문제 해결 방법은 전문화와 더불어 폭발적인 지식의 성장을 이루어내었기 때문이다. 그런데 바로 이러한 문제 해결 방법에서 생각해 보아야 할 것은 화이트헤드가 주목했던 문제 해결의 알고리듬(발명 방법)이 일종의 논리 연산이며, 이러한 연산의 극단적인 달인이 바로 인공지능이라는 점이다. 비유적으로 말하자면 19세기의 인간을 위대하게 만든 혁신적 방법의 효력이 이제 인간 자신을 뒤처지는 존재로 만들고 있다.

기계론적 알고리듬에 따른 문제 해결이 최적의 해결책을 도출할 수 있는 까닭은 문제 상황과 관련된 데이터를 토대로 논리적으로 가능한 모든 경우를 테스트해 볼 수 있기 때문이다. 자연지능의 경우라면 그런 시뮬레이션 과정이 많은 시간을 요구하지만 인공지능은 빛의 속도로 그런 연산을 수행한다. 그래서 주어진 문제에서 가능한 한 짧은 시간에 최적의 해를 찾는 일은 점차 인간의 손이 필요하지 않은 일이 되어 가고 있다. 결국 공학 교육에서 물어야 할 창의성은 그런 논리적 연산과는 차원이 다른 어떤 것이어야 한다. 아울러 문제 해결 과정의 절차적 합리성을 보존하면서도 동시에 그런 형식적 과정에 내용의 새로움을 더할 수 있는 방법을 생각해야 한다.

기계론적 알고리듬의 문제 해결 과정은 일종의 구문론이다. 그것은 마치 올바른 문장을 구성하는 문법 규칙들과 같다. 대신에 문법적으로 문제가 없는 문장이라고 해서 곧바로 '좋은' 문장이라고 할 수는 없는 것처럼, 문제 해결의 절차적 과정을 잘 준수했다는 것이 곧바로 창의적 문제 해결이라고 말할 수는 없다. 창의성은 절차적 형식이 아니라 내용의 새로움에서 온다. 물론 내용의 새로움이라 해서 형식을 도외시해야 한다는 것은 결코 아니다. 문제 해결 알고리듬의 절차적 과정은 문제 해결 과정 전체의 합리성을 담보하는 수단이기 때문이다. 결국 공학 교육에서 목표로 하는 창의적 문제 해결력은 문제를 해결해 가는 과정의 합리성과 내용의 새로움을 더할 수 있는 방법을 조화시키고 그 전체를 학생들이 숙련하도록 함으로써 도달할 수 있을 것이다. 이때 내용의 새로움은 기존의 생각이 당연하게 전제하고 있는 것들, 다시 말해 기존 생각의 타당성을 무력화하는 데서 시작할 수 있다. 비판적 사고의 효과는 바로 여기에 있다.

일반적으로 비판적 사고의 실행은 질문을 통해 이루어진다. 그 질문들은 연구자들에 따라 다르지만 대체로 목적, 문제, 개념, 정보, 가정, 관점, 맥락 등 비판적 사고의 요소라 불리는 7~9가지의 개념들을 활용해서 구성된다. 이때 구체적으로 어떤 질문들이 이루어져야 하는지는 문제 상황에 따라 다를 수 있다.[9] 예를 들면, 우리에게 해결해야만 하는 과제가 주어졌을 때, '진짜 문제는 무엇인지?', '이 문제를 해결하려는 목적은 무엇인지?', '이 문제와 관련된 중요한 정보는 무엇인지?' 등의 질문들을 던짐으로써 비판적 사고 활동이 작동한다. 이러한 질문들은 문제 해결 과정의 매 단계에서 던져질 수 있다. 이때 비판적 사고의 핵심은 단지 물음의 내용만이 아니라 '물음을 던지는 활동' 자체에도 있다. 비판적 물음을 던지는 행위 자체가 우리가 받아들이고자 하는 입력값의 타당성을 잠시 효력 정지시키는 작용이기 때문이다.

　백여 년 동안 진행되어 온 비판적 사고에 대한 연구를 통해 연구자들마다 비판적 사고를 조금씩 다르게 정의하고 있지만 그 다양성을 관통하는 공통점은 일종의 자기 성찰적 사고 작용이라는 것이다. 다양한 전공의 학자들이 모여 비판적 사고의 의의에 대해 합의한 델피 리포트(Delphi Report)를 보자. 델피 리포트에서 정의된 비판적 사고는 크게 두 부분으로 나누어져 있다. 그 하나는 비판적 사고가 유용한 '탐구의 도구(tool of inquiry)'라는 것이다. 이를 통해 비판적 사고는 학습자로 하여금 무지로부터 해방되게 하는 지적 역량을 기를 수 있다. 다른 한 부분은 비판적 사고에 숙련된 이상적인 탐구자의 성향적(habitually) 특성이다. 비판적 사고에 숙련된 사람들은 호기심이 많으며 개방적이고 유연하며 평가에 있어서 공정하다.10) 비판적 사고를 유도하는 질문들은 사실 숙련된 비판적 사고자를 기르기 위한 교육적 수단일 뿐이다.

　이러한 지적 성향과 적절한 질문을 던질 수 있는 지적 역량이 생각의 자유로움을 가능하게 한다. 주어진 문제에 대해 다양한 관점에서 다양한 방식으로 물음을 던지는 비판적 사고의 기법이 의도하는 것은 문제 상황과 관련하여 우리에게 주어지는 것들의 타당성 효력을 일시적으로 정지시키는 것이다. 진짜 문제가 무엇인지를 물음으로써 막연히 문제라고 생각했던 것을 다시 생각하게 하고, 문제 해결을 통해 도달하고자 하는 목적이 무엇인지 되물음으로써 목적에 도달하는 대안적 경로를 발견할 수 있게 한다. 이러한 비판적 사고의 물음은 우리가 '당연하다'고 여기기 때문에 보이지 않던 것들을 볼 수 있도록 자극한다.

문제 해결을 일종의 경로 찾기로 이해한다면, 우리가 창의적 문제 해결력이라는 개념으로 의도하는 것은 기존의 방법으로는 보이지 않는 경로를 찾아내는 것이다. '매출을 올려야 한다'는 요구가 있다고 해 보자. 비판적 사고에 숙련된 자는 그런 요구의 목적이, 그래서 진짜 문제가 무엇인지 되묻는다. 만약 매출을 올리는 것의 목적이 이익률을 높이는 것이라면, 단지 매출을 올리는 다양한 방법만이 아니라 원가를 절감하는 방법도 생각할 것이다. 또 매출을 높이는 것의 목적이 이익률이 아니라 회사의 외형을 키우는 것이라면, 이익률에서는 다소 손해를 보더라도 매출을 올릴 수 있는 방법을 생각할 것이다. 문제 해결의 기계적 알고리듬만으로는 이러한 맥락의 다양성을 담아내기가 어렵다.

창의적 문제 해결력이 요구하는 생각의 자유로움은 우리를 구속하고 있는 초기 조건들로부터 해방될 때 비로소 가능하다. 해결이 요구되는 문제 사안과 관련된 정보들은 우리의 시선을 사로잡고 있는 실증적인(positive) 것들이다. 그런 정보와 자료들의 의미와 타당성을 되묻는 비판적 사고 과정은 본질적으로 부정적(negative)이다. 이 부정성이 우리의 생각을 자유롭게 해방시킬 수 있다.

4. 비판적 사고의 공학 교육 활용

비판적 사고는 어떤 천재적 발상을 목표로 하는 것이 아니다. 델피 리포트가 규정하듯이 비판적 사고는 무지로부터의 해방적 힘이며, 스스로 오류를 수정하는 자기 교정 활동이다. 이는 최근 창의성 연구에서 많이 논의되는 일상적 창의성(everyday creativity)이 발휘되기 위한 인지적 토대를 제공한다. 이경화 등에 따르면 공학 전공의 학생들은 다른 전공에 비해 상대적으로 창의성이 낮은 편이다.[11] 물론 이러한 조사가 일반적인 경향이라고 단정 지을 수는 없다. 무엇보다 공학 전공 학생들에 대한 창의성 연구 자체가 아직은 부족하고, 창의성 개념 자체의 모호성 때문에 창의성을 측정하는 방법과 변인에 따라 서로 상반되는 결과들이 나오기도 한다.[12] 그럼에도 불구하고 우리나라의 교육 현실을 생각할 때 이러한 조사 결과가 시사적이기는 하다.

우리나라 학생들이 대학 입시를 준비하는 과정은 생각을 자유롭게 확산시키기보다는 오직 정답을 맞히는 훈련에 가깝다. 그래서 학생들은 자신들이 받아들여야 할 지식에 대해 의문을 제기하기를 주저한다. 우선 지식을 습득하는 것이 더 중요한 목표이기 때문이다. 이러한 교육 환경은 생각을 규격화시키고 경직되게 한다. 그러나 앞서 언급한 것처럼 이미 발견된 지식을 적용해서 문제를 해결하는 일은 이제 인간이 아닌, 인간이 만든 기계적 프로그램(인공지능)에게 맡겨도 될 때가 다가오고 있다. 이러한 오늘날의 여건에 비추어 볼 때, 학생들의 창의성을 증진하는 교육 프로그램의 필요성만큼은 분명해 보인다.

창의성은 모종의 새로움이다. 그것은 기존의 방법으로는 보이지 않던 것을 보는 힘을 의미한다. 인공지능의 문제 해결 알고리듬과는 다른 인간의 창의성은 주어진 문제 자체를 새로운 맥락 속에 집어넣어 새로운 의미 부여를 하고, 주어진 문제를 넘어서는 새로운 문제를 발견해 낼 수 있는 지적 역량이다. 이러한 창의성은 실증적(positive)으로 주어진 데이터 너머를 볼 수 있는 힘을 필요로 한다. 주어진 현실 너머를 볼 수 있기 위해서는 현실적 조건들의 의미를 임의적으로 조작할 수 있는 자유를 필요로 하며, 그 자유는 현실적 조건들의 타당성을 부정해 보는 사고 실험을 요구한다. 바로 이러한 지적 활동이 비판적 사고이다.

다만 비판적 사고를 창의적 문제 해결력을 기르기 위한 사전 활동으로 활용하고자 할 때 고려해야 할 점들이 몇 가지 있다. 먼저 비판적 사고 자체가 규격화된 알고리듬으로 경직되지 않도록 주의해야 한다. 앞서 언급한 것처럼 일반적으로 비판적 사고 교육은 주어진 문제 사안에 대해 비판적 사고의 요소들을 활용하여 적절한 물음들을 제기하는 방식으로 이루어진다. 그러나 이러한 문제 제기 자체가 또 하나의 정형화된 패턴으로 이해된다면, 그것은 다시금 사고를 경직시킬 위험에 노출되는 것이다.

처음에는 새롭게 여겨지는 것도 그것이 반복되는 패턴이 되면 그 새로움의 힘을 잃기 쉽다. 학생들은 비판적 사고를 통해 자유로워지는 것이 아니라 단지 질문을 던지고 답을 구하는 형식을 만족시키는 것에 안주하기 쉽다. 게다가 비판적 사고가 본질적으로는 평가적 사고이기 때문에 일상적으로 '비판'이라는 말이 함의하는 것처럼 주로 잘못된 부분들을 지적하는 행위에 갇힐 수도 있다. 따라서 비판적 사고를 창의적 문제 해결력 교육에 활용할 수 있기 위해서는 교수자가 학생들이 비판적 사고를 정형화된 알고리듬으로 생각하고, 그 형식적 조건만을 충족시키려는 경향을 끊임없이 경계하고 비판적 사고의 본래 목적이 무엇인지를 환기시켜 주는 것이 필요하다.

이러한 의미에서 공학 전공 학생들이 교양 교과 수업에

서 고전을 읽고 토론하는 수업은 비판적 사고를 통해 창의적 문제 해결력을 기르는 데 효과적이다. 우리가 고전이라고 부르는 텍스트들에는 인류 문화사에서 오랜 세월 동안 다루어지는 문제들이 담겨 있다. 따라서 이런 문제들을 새롭게 변화된 환경에서 그 의미를 되물어 보고 새롭게 의미를 부여하는 해석은 생각을 유연하게 하는 데 도움이 된다. 학습자가 비판적 사고 교육의 의미를 이해하고, 동료들과 함께 토론하며 새로운 해석을 도모하는 연습을 해 보는 것은 창의적 문제 해결을 위한 협력 활동의 교육에도 도움이 될 것이다. 특히 강의실 안에서 자유로운 토론은 무엇보다 '질문하기'의 힘을 길러줄 수 있다. 비판적 사고에 숙련된다는 것은 좋은 질문을 던질 수 있는 역량이 길러진다는 것을 의미한다. 이때 좋은 질문을 던지는 역량 역시 훈련이 필요하다. 개방적인 분위기에서 동료들과 서로의 생각을 나누는 체험은 문제 사안에 대해 유연하게 질문할 수 있는 힘들을 길러준다. 소크라테스의 문답법이 좋은 교육 모델이라는 것은 잘 알려져 있다. 소크라테스 문답법은 단순히 질문과 정답을 맞히는 형식적인 과정이 아니라 자신이 옳다고 믿는 생각들을 함께 대화를 나누는 사람과 공유하고 비판적으로 검토함으로써 자신이 보지 못한 것, 혹은 자신의 무지를 깨닫는 것이다. 즉, 문답법의 핵심은 자기 성찰을 통해 문제를 보는 새로운 시선을 자각하는 데 있다.

공학 전공자들이 이러한 인문 교양 수업을 통해 비판적 사고를 훈련하는 것은 창의적인 문제 해결력을 기를 수 있는 것은 물론이고 윤리적인 관점에서도 문제를 바라볼 수 있는 힘을 기르는 데도 도움을 준다. 과학적 관리법으로 잘 알려진 테일러리즘(Taylorism)은 생산 효율성을 높이기 위해 노동자가 생산 과정에서 취할 수 있는 작업이나 동작들을 최적화하는 방법을 찾아내었다. 이러한 방법은 앞서 살펴본 문제 해결의 알고리듬을 분석적으로 적용한 전형적인 사례라고 할 수 있을 것이다. 4차 산업혁명의 핵심인 자동화 공정과 인공지능의 문제 해결 방식은 이러한 효율성에 도달하고자 할 것이다. 그러나 테일러리즘에 대해 노동자를 단순한 기계의 부품으로 전락시키고 말았다는 비판이 있는 것처럼 효율성 역시 맥락 의존적이다. 테일러리즘의 본질적인 목적은 더 높은 생산 효율성을 통해 노동자가 더 나은 삶을 살도록 하는 것이었다. 따라서 테일러리즘이 노동자를 기계 부품으로 전락시켰다면 그것은 일종의 자기모순에 빠진 셈이다.13) 공학의 본질적인 목적이 인류의 복리 증진을 위한 노력이라는 점을 생각한다면 문제 해결에서 인간을 중심에 놓아야 한다는 것은 무엇보다 중요할 것이다. 그런 점에서도 공학도들이 인문 소양 교육을 통해 비판적 사고 연습을 하는 것은 중요해 보인다.

이상의 논의는 공학 교육에서 비판적 사고 교육의 활용

이 지향해야 하는 점이 무엇인지를 다시 한번 환기시킨다. 공학적 문제 해결은 본질적으로 현실 지향적이다. 그것은 현실의 문제를 해결하기 위해 무엇인가를 실증적으로 구현해 내는 일이기 때문이다. 따라서 현실적 조건을 생각하지 않는 문제 해결은 결국 공허할 수밖에 없다. 그러나 바로 이러한 강력한 주문, 즉 주어진 현실의 여건에서 문제를 해결해야만 한다는 주문이 공학을 전공하는 학생들로 하여금 생각을 자유롭게 확산시키지 못하는 족쇄가 될 수도 있다. 비판적 사고 교육은 그런 점에서 하나의 보완재 역할을 할 수 있다. 결국 공학 교육에서 비판적 사고 교육의 초점은 단지 문제 해결력을 높이는 쪽이 아니라 창의적인 대안을 발견하는 쪽에 두어야 한다.

비판적 사고에 숙련된 사람들은 공동체 속에서 다른 사람들과 자유롭게 토론하기를 주저하지 않는다. 문제 해결 과정에서 서로 자유롭게 문제를 제기하고, 또 서로 다른 해석들을 두고 함께 토론하는 과정에서 얻게 되는 발견적 체험은 창의적 문제 해결을 고무하는 가장 강력한 힘이 될 수 있을 것이다.

미주

* 이 장(章)은 "박승억(2021), 공학교육에서 비판적 사고와 창의적 문제해결력의 관계, **공학교육연구**, 24(2): 61-67"을 수정·보완한 것이다.

1) 세계경제포럼(WEF)(2020), *The Future of Jobs survey 2020:* 35-36.

2) 조현재·이현주(2011), 발산적 사고를 통한 아이디어 발상의 디자인 프로세스, **디지털 디자인학 연구**, 11(1): 148.

3) J. P. Guilford(1987), Creativity Research: Past, Present and Future in S. G. Isaksen(ed.), *Frontiers of Creativity Research: beyond the basics*, Buffalo N.Y.: Bearly Limited.: 35.

4) 마쓰오 유타카(2015), **인공지능과 딥러닝**, 박기원 역, 동아엠앤비: 92 이하.

5) M. Balog, A. Gaunt, M. Brockschumidt, S. Nowozin, and D. Tarlow(2017), Learning to write Programs, *Conference Paper at ICLR 2017*.

6) C. Kozyrkov(2019), The First Thing Great Decision Makers Do, *Havard Business Review*.

7) 정은이(2002), 일상적-전문적 창의성의 암묵이론적 구조, **교육심리연구**, 16(4), 147-167.

8) A. N. Whitehead(1982), **과학과 근대세계**, 오영환 역, 삼성출판사.: 136.

9) 박상태(2020), 공학 교육에서 비판적 사고의 활용방안, **공학교육연구** 23(6), 27-32. : 28.

10) P. A. Facione & Insight Assessment(2014), *Critical Thinking: A Statement of Expert Consensus For Purpose of Educational Assessment and Instruction:* 2.

11) 이경화·김은경·유경훈(2012), 대학생의 제변인에 따른 창의적 능력 비교, **창의력교육연구**, 12(1): 39-40.

12) 윤경미·황순희(2017), 공과대학생의 일상적 창의성과 사고양식의 관계, **교양교육연구**, 11(12): 413-448.

13) Whitehead, 앞의 책: 232.

제 3 장

비판적 사고를 활용한 공학 설계 교육

한국공학교육인증원(ABEEK)에서는 공학도들의 창의적 문제 해결 능력, 합리적 의사 결정 능력, 효과적 의사소통 능력 등을 향상시키기 위해 전문 교양 교육 과목들을 운영할 것을 지속적으로 권장해 왔고, 이와 관련하여 그동안 공학 윤리, 과학기술 글쓰기 등 비판적 사고를 활용한 여러 전문 교양 교육 과목들이 공학 관련 교수자들과 공학도들로부터 많은 관심과 호응을 받아 왔다. 이제 공학 교육 현장에서는 비판적 사고를 공학 전공 교육 과정에서도 적극적으로 활용하려는 교육적 요구가 점점 증가하고 있는 상황이다. 이에 최근 들어 비판적 사고 교육의 교수자와 공학 설계 과목을 담당하는 교수자들이 함께 모여 "공학 전공 교육의 핵심적 교육 과정인 공학 설계 과목에 비판적 사고를 어떻게 활용할 것인가?"를 주제로 삼아 공학 전공 교육 과정에서도 비판적 사고를 활용할 수 있는 방안을 모색하고 있다.

1. 공학 설계란 무엇인가

1) 공학 설계의 정의

공학 설계는 인간의 편의와 복지를 증진시키는 공학적 결과물을 얻기 위한 공학자의 전문 직업적 행위로서, 주어진 제한 조건하에서 목적에 부합하는 공학 설계의 결과물을 고안하는 과정이다. 특히 미국공학교육인증원(ABET)에서는 공학 설계를 "필요한 것을 만들기 위해 시스템과 구성 요소 혹은 프로세스를 고안해 내는 과정"이라고 정의하고 있으며, 이에 더하여 "원하는 목표에 부합하도록 기초 과학, 수학, 공학 등을 적용해서 다양한 자원을 가공하는 의사 결정 과정"이라고 부연하고 있다.[1] 따라서 공학 설계는 수학, 기초 과학, 공학을 비롯한 다양한 분야가 연계된 복잡한 과정이자 하나의 해답으로만 귀결되지 않는 비구조화된 과정으로서, 설계자의 분석력과 창의성에 기반을 둔 합리적 의사 결정 능력과 창의적 문제 해결 능력을 동시에 요구하는, 즉 설계자의 숙련된 비판적 사고 능력을 요구하는 일련의 과정이라고 볼 수 있다.

2) 공학 설계의 종류

공학 설계는 기준에 따라 여러 가지로 나눌 수 있지만, 통상 설계 단계에 따라 기초 설계, 요소 설계, 종합 설계의 3가지로 구분된다. 첫째, 기초 설계는 원하는 설계를 얻기 위한 아이디어를 도출하는 개념 설계를 핵심으로 하는 설계 단계를 의미한다. 둘째, 요소 설계는 목표 및 기준 설정, 합성, 분석, 제작, 시험, 평가 등의 설계 구성 요소 중 일부만 포함하고, 경제, 환경, 사회, 윤리, 미학, 보건 및 안전, 생산성과 내구성, 산업 표준 등과 같은 현실적 제한 조건도 일부만 고려한 설계 단계를 의미한다. 셋째, 종합 설계는 목표 및 기준 설정, 합성, 분석, 제작, 시험, 평가 등의 설계 구성 요소를 모두 포함하고, 경제, 환경, 사회, 윤리, 미학, 보건 및 안전, 생산성과 내구성, 산업 표준 등과 같은 현실적 제한 조건도 모두 고려한 상세 설계 단계를 의미한다.

2. 공학 설계의 과정과 도구

1) 공학 설계의 과정

공학 설계를 이끌어 가는 양상은 매우 다양한데, 이는 공학 설계 과정에 대한 방법론이 주로 공학 설계보다 넓은 의미의 일반적 문제 해결 과정에 관한 다양한 이론들에 기초하고 있기 때문이다. 예를 들어, 1926년 월리스가 인지 과학에 기초해서 만든 문제 해결의 4단계 이론은 ① 준비 단계, ② 부화 단계, ③ 조망 단계, ④ 검증 단계로 구성되는데, 이를 공학 설계 과정에 응용할 수 있다.2) 또한 2004년 아이작센과 트레핑거가 제안한 창의적 문제 해결 과정은 ① 문제 발견, ② 다양한 해결 아이디어 도출, ③ 실행 가능한 아이디어 선별, ④ 실행 계획 수립, ⑤ 실행의 5단계로 구성되는데, 이 역시 공학 설계 과정에 적용 가능하다.3) 그리고 창의성 교육의 대가인 토랜스의 미래 문제 해결 프로그램인 6단계 과정, 즉 ① 도전 확인하기, ② 핵심 문제 선정, ③ 해결 아이디어 생성, ④ 판단 준거 생성 및 선택, ⑤ 판단 준거 적용, ⑥ 실행 계획 개발을 공학 설계 과정에 활용할 수도 있다.4) 그 밖에 공학 설계 과정에 관한 3단계 이론-① 아이디어 만들기, ② 실행하기, ③ 테스트하기- 또는 7단계 이론-① 문제 정의, ② 정보 수집, ③

해결책 생성, ④ 분석과 선택, ⑤ 프로토타입 만들기, ⑥ 테스트와 성능 개선, ⑦ 설계 구현과 생산 계획- 등도 모두 공학 설계 과정을 이끌어 갈 수 있는 절차들이다.5)

2) 공학 설계의 도구

공학 설계 과정에서 자주 사용되는 설계 도구들에는 5whys, 브레인스토밍, 스캠퍼, ASIT, 발명 원리, 분리 원리, 마인드맵, 파레토 도표, 원인-결과 도표, 기능 분석, 모순 분석, 자원 분석, 2안 비교 순위 결정법, 쌍 비교 분석법, 가중 순위 결정법, 퓨(Pugh) 평가 절차, 시스템 사고, 시스템 성장 곡선, 기술 시스템 진화 트렌드 등이 있다.6) 브레인스토밍, 시스템 사고, 기술 시스템 진화 트렌드 등은 문제 인식 단계에서 주로 활용된다. 5whys, 파레토 도표, 원인-결과 도표, 기능 분석, 모순 분석 등은 문제 정의 단계에서 주로 활용되며, 시스템 사고, 시스템 성장 곡선 등은 문제 점검을 위해 주로 활용된다. 또한 아이디어 도출을 위해서는 브레인스토밍, 스캠퍼, 발명 원리, 분리 원리, 자원 분석, ASIT, 마인드맵 등이 자주 활용되고, 아이디어 평가를 위해서는 2안 비교 순위 결정법, 쌍 비교 분석법, 가중 순위 결정법이나 퓨 평가 절차 등이 주로 활용된다.

3. 비판적 사고를 접목한 공학 설계 과정과 도구

럼스데인 등이 제안한 상품 개발 과정은 공학 설계 과목에서 널리 활용되고 있는 창의적 문제 해결 방법들 중 하나이다.[7] 이 방법은 1) 문제 정의, 2) 아이디어 창출, 3) 아이디어 평가, 4) 아이디어 판정, 그리고 5) 실행의 5단계 절차로 구성되어 있는데, 이를 비판적 사고의 문제 해결 과정과 요소 및 기준을 통해 구체적으로 파악해 본다.[8]

1) 문제 정의: 품질 기능 전개

- 문제 주제를 선택하고, 문제 주제에 초점을 맞추어라.
- 정보와 소비자 데이터를 수집하라.
- 정보를 분석하여 파레토 도표를 만들어라.
- 문제 정의문을 개발하라.

⇒ 비판적 사고

---
1) 풀어야 할 문제에 대한 정의

  - 설계의 최종 **목적**(혹은 필요)을 알아내고 세부적 정식화를 시도하라.
  - 세부적으로 정식화된 목적(혹은 필요)을 평가하라.
  - 목적을 달성하고 필요를 만족시키는 데 장애가 되는 **문제**들을 인식하라.
  - 문제들을 하나씩 고려하여 가능한 분명하고 명료하게 문제를 진술하라.
---

2) 아이디어 창출: 개념 설계

- 브레인스토밍을 통해 문제 해결을 위한 아이디어를 많이 창출하라.
- 스캠퍼를 적극 활용하라.

⇒ 비판적 사고

---

2) 문제 해결을 위한 선택지 탐색

- 문제를 조사하고 검토하라. 문제를 해결하기 위해 무슨 일을 해야 하는지 생각하라.
- 문제 해결에 필요한 **개념**을 분명하고 명료하게 정의하라.
- 문제 해결에 필요한 **정보**를 알아내고, 그 정보를 적극적으로 찾아라.
- 모은 정보를 해석하고, 분석하고, 평가하라.

---

3) 아이디어 평가: 최적화 설계, 공정 계획 수립

- 실행 가능성이 높은 해결 방안을 만들기 위해 아이디어를 분류, 선별, 체계화, 구축, 전개, 통합, 조정 및 종합하라.
- 창의적 아이디어 평가 과정을 수행하라.

⇒ 비판적 사고

> **3) 문제 해결을 위한 선택지 구성**
>
> - 해석, 분석, 평가된 정보로부터 문제 해결 방안들을 구성하라.
> - 합당한 **추론**에 따라 문제 해결 방안들을 구성하고, 이때 빠뜨린 숨은 **전제**가 없는지 확인하라.
> - 문제 해결 방안들을 구성하는 과정에서 각각의 해결 방안이 갖는 **관점**과 **함축**을 충분히 고려하라.

4) 아이디어 판정: 최상의 설계

- 상품 설계와 개발에 있어 전체 그림을 볼 필요가 있고, 경쟁력을 갖기 위해서도 통합적 접근이 필요하다.
- 앞을 내다보며 그 해결 방안의 영향을 고려하고, 가치관과 편견을 평가한다.
- 창의적 설계 개념의 평가를 위해 퓨(Pugh) 평가 절차를 거치면 효율적이다.

⇒ 비판적 사고

> **4) 문제 해결을 위한 선택지 결정**
>
> - 문제 해결 방안의 장점과 단점을 고려하면서 최선의 것을 선택하라.
> - 문제 해결 방안과 이에 대한 접근 전략을 구체적 **상황(맥락)** 속에서 평가하라.
> - 선택한 문제 해결 방안이 갖는 결과를 다각적이고 포괄적으로 깊이 있게 모니터링하라. 즉 **관점**을 바꿔 생각해 보거나 지평을 확대하라. 그리고 **함축**을 다시 한번 고려해 보라.

5) 해결 방안 실행: 상세 설계도, 시작품 제작, 공정 설계

- 시판을 위한 제품일 경우 장점 목록을 만들어 판매 기술에 적용하라.
- 작업 계획을 통해 누가, 무엇을, 언제, 그리고 왜 하는지를 분명히 하고, 위험 분석을 수행하라.
- 예산 세우기와 스케줄 짜기는 중요한 항목이다. 시간/과업 분석표를 이용하여 중복 활동을 시각화하라.
- 실행 모니터링과 최종 평가를 수행할 수 있도록 계획하라.

⇒ 비판적 사고

> 5) 실행과 반성(평가 및 조정)
> - 문제 해결 방안과 실행 전략에 따라 철저히 실행하라.
> - 실행 결과의 **함축**을 평가하면서, 최종 **목적**을 다시 한번 고려하라.
> - 보다 많은 **정보**가 확보됨에 따라 문제 해결 방안과 실행 전략을 **상황**에 맞추어 수정하라.

4. 비판적 사고에 따른 창의 공학 설계 교육의 단계별 지침

창의 공학 설계 과목의 공학 프로젝트를 비판적 사고의 문제 해결 과정에 따라 총 5단계로 나눈 후, 각 단계마다 비판적 사고의 기량을 반영한 창의 공학 설계 교육 지침을 제안할 수 있다.[9] 이러한 창의 공학 설계 교육 지침은 비판적 사고의 단계별 목표와 요소 및 기준을 반영한 공학 프로젝트의 단계별 학습 목표와 점검 사항들로 구성된다.[10]

1) 풀어야 할 문제에 대한 정의

(1) 비판적 사고의 목표

자신의 가장 근본적인 목표와 목적 그리고 필요를 알아내고 세부적 정식화를 시도하라. 그리고 세부적으로 정식화된 목표, 목적, 필요를 맥락(상황)을 고려하여 평가하라.

자신의 목표를 달성하고 목적을 성취하며 필요를 만족시키는 데 발생할 문제들을 인식하라. 인식된 문제들을 하나씩 고려하라. 가능한 한 분명하고 명료하게 문제를 진술하라.

(2) 비판적 사고의 요소 및 기준

① 목적을 *분명하고 명료하게* 제안하라.

② 제시된 목적이 당면한 맥락(상황)에 *적절하고 중요한* 것인지 평가하라.

③ 목적을 달성하는 데 필요한 *적절하고 중요한* 문제들을 인식하라.

④ 인식된 문제들을 *분명하고 명료하게* 정의하라.

⇒ 1단계: 문제 설정, 배경 및 필요성 모듈

(1) 프로젝트 학습 목표

배경상의 필요성 및 요구와 문제 설정이 분명하고 명료해야 한다. 배경에 따른 필요성 및 요구와 문제 설정이 모두 적절하고 중요해야 한다.

(2) 프로젝트 점검 사항

① 사업 분야의 필요성 및 요구는 분명하고 명료한가?

② 배경을 고려할 때 필요성 및 요구는 적절한 것인가? 또한 중요한 것인가?

③ 필요성 및 요구를 충족시키기 위한 문제는 적절한 것인가? 또한 중요한 것인가?

④ 설정된 문제를 분명하고 명료하게 정식화할 수 있는가?

2) 문제 해결을 위한 가능한 선택지 탐색

(1) 비판적 사고의 목표

자신이 다루고 있는 문제의 유형을 분명하게 인식하기 위해 문제를 조사하고 검토하라. 자신의 통제하에 있는 문제와 통제를 벗어난 문제를 구별하라. 자신의 통제를 벗어난 문제는 제쳐 놓아라. 자신이 풀 수 있는 문제에 집중하라.

문제 해결에 필요한 개념을 분명하고 명료하게 정의하고 분석하며, 그 문제를 해결하기 위해 무슨 종류의 일들을 해야만 하는지 생각해 보라.

문제 해결에 필요한 정보를 알아내고, 그 정보를 적극적으로 찾아내어라. 그리고 자신이 모은 정보를 해석하고, 분석하고, 평가하라.

(2) 비판적 사고의 요소 및 기준

① 정의된 문제와 관련된 *적절하고 중요한* 자료(개념과 정보)를 조사하라.
② 문제 해결에 필요한 이론적 개념을 *분명하고 명료하게* 이해하라.

③ 문제 해결에 필요한 *정확한* 정보를 찾아내라.

④ 해당 개념과 정보가 해결책 구성에 *충분한* 것인지 평가하라.

⇒ 2단계: 자료 조사 모듈

(1) 프로젝트 학습 목표

문제 해결을 위한 개념(이론)과 정보는 적절하고 중요하며 충분해야 한다. 개념(이론)은 분명하고 명료해야 하며, 정보는 정확해야 한다.

(2) 프로젝트 점검 사항

① 문제 해결을 위한 적절한 자료 조사가 이루어졌는가?

② 자료에 나온 개념 혹은 이론을 분명하고 명료하게 이해했는가?

③ 자료의 정보는 정확하고 신뢰할 만한 것인가?

④ 주요 개념(이론)과 중요 정보가 문제를 해결하는 데 충분히 기여하는가?

3) 문제 해결을 위한 선택지 구성

(1) 비판적 사고의 목표

해석, 분석, 평가된 정보에서 합당한 추론을 이끌어내라. 이때 빠뜨린 숨은 전제가 없는지 확인하라.

자신이 어떤 행동을 할 수 있을지 선택지들에 대해 생각해 보라. 단기적으로 무엇을 할 수 있을 것인가? 또 장기적으로는 무엇을 할 수 있는가? 돈, 시간, 노력에 있어서 자신의 한계를 명확히 인식하라. 그러기 위해서는 선택의 관점과 함축에 대해 충분히 고려해야 한다.

(2) 비판적 사고의 요소 및 기준

① 관련 자료에 입각한 **전제**(들)로부터 예상 가능한 결론을 *논리적*으로 추론하라.

② 이때 숨은 전제에 유의하라.

③ 추론된 **결론의 함축**까지 *깊이 있게* 분석하라.

④ **결론 및 함축**을 *다각적* 관점에서 평가하라.

⇒ 3단계: 자료 분석 및 해결책 구성 모듈

(1) 프로젝트 학습 목표

가능한 해결책을 구성하는 추론 과정은 논리적이어야 한

다. 미처 생각하지 못한, 폭넓고 깊이 있는 해결책을 고안
해야 한다.

(2) 프로젝트 점검 사항

① 어떤 자료들이 어떤 해결책을 도출할 수 있는가? 즉, 제
시된 자료들은 제안된 해결책을 뒷받침할 수 있는가?
② 혹시 추론 과정에서 당연하다고 가정한 사항은 없는가?
③ 제안된 해결책이 갖는 파급 효과는 무엇인가?
④ 그 밖에 또 다른 방식의 해결책은 없는가?

4) 문제 해결을 위한 선택지 결정

(1) 비판적 사고의 목표

선택 목록 중 최선의 것을 선택하라. 자신이 선택한 선
택지의 장점과 단점을 고려하면서 자신이 처한 맥락(상황)
속에서 평가하라. 선택한 입장에 대해 선택의 결과를 좀
더 다각적이고 포괄적으로 모니터링하라. 관점을 바꿔 생
각해 보거나 지평을 확대하라. 그리고 함축을 다시 한번
고려해 보라.

(2) 비판적 사고의 요소 및 기준

① 가능한 해결책들이 지닌 장점과 단점 비교를 **전제로**

최선의 **결론**을 *논리적*으로 선택하라.

② **맥락(상황)**을 고려하면서 최선의 해결책을 평가하라.

③ 최선의 해결책이 지닌 **관점의 폭**을 검토하라.

④ 최선의 해결책이 지닌 **함축의 *깊이***를 검토하라.

⇒ 4단계: 해결책 선택 및 제시 모듈

(1) 프로젝트 학습 목표

해결책을 선택하는 추론 과정은 논리적이어야 하고 배경을 고려해야 한다. 선택한 해결책은 문제를 해결하고 배경상의 필요성 및 요구를 충족시켜야 한다. 그 결과 선택한 해결책은 폭넓고 깊이가 있어야 한다.

(2) 프로젝트 점검 사항

① 선택한 해결책은 다른 해결책에 비해 어떤 장단점을 지니고 있는가?

② 현실적인 제한 조건, 요구 사항, 주요 기능 등을 고려하여 해결책을 선택하였는가?

③ 선택한 해결책 이외의 더 나은 방법으로 문제를 해결할 수 있는가?

④ 선택한 해결책은 배경상의 필요성 및 요구를 충족시킬 수 있는가?

5) 문제 해결안의 실행과 반성(평가 및 조정)

(1) 비판적 사고의 목표

문제 해결 방안과 실행 전략에 따라 철저히 실행하라. 실행 결과의 함축을 평가하면서, 필요성 및 요구와 목적을 다시 한번 고려하라. 더 많은 정보가 확보됨에 따라 문제 해결 방안과 실행 전략을 맥락(상황)에 맞추어 수정하라.

(2) 비판적 사고의 요소 및 기준

① 제안된 해결책을 실행하기 위한(목적) 계획(문제)을 세워라. 계획 달성에 관련된 모든 자료를 (개념과 정보의 차원에서) 수집하고 분석하고 평가하라. 분석되고 평가된 자료를 근거(전제)로 삼아 구체적인 계획을 수립하라.

② 수립된 계획에 누락된 사항(숨은 전제)이 없는지 다각적으로(관점) 그리고 심층적으로(함축) 평가하라. 당면한 여건(맥락)을 고려하면서 수립된 계획에 따라 제안된 해결책(결론)을 실행하라.

③ 제안된 해결책을 통해 문제가 해결되었는지 평가하라. 제안된 해결책을 통해 목적이 달성되었는지 평가하라.

④ 평가 결과(정보)에 근거하여 상황(맥락)이 허용하는 범

위 내에서 제안된 해결책(결론)을 수정하고 개선하라.

⇒ 5단계: 적용 및 평가 모듈

(1) 프로젝트 학습 목표

비판적 사고의 기량을 실제 상황에 적용할 수 있어야 한다. 공학 실천 과정에서 비판적 사고 성향이 드러나야 한다.

(2) 프로젝트 점검 사항

① 선택한 해결책을 실행할 상세하고 구체적인 계획을 수립하였는가?

② 수립된 계획은 배경을 고려할 때 현실적으로 실행 가능한 것인가?

③ 사용자 수 및 1회 가격의 형식으로 연간 매출액을 근거 있게 계산할 수 있는가?

④ 프레젠테이션 및 상호 평가의 결과에 근거하여 제안된 해결책을 수정하고 보완하였는가?

미주

* 이 장(章)은 "박상태(2020), 공학교육에서의 비판적 사고의 활용 방안, **공학교육연구**, 23(6): 27-32; "박상태 · 김제도 · 윤성호(2020), 비판적 사고를 활용한 공학 설계 교육, **공학교육연구**, 23(6): 51-59; "박상태 · 김제도(2021), 비판(-창의)적 사고의 문제 해결 과정과 기량을 활용한 창의 공학 설계 교육, **공학교육연구**, 24(2): 68-75"를 수정 · 보완한 것이다.

1) 김대수(2016), **창의공학설계**, 생능출판: 122.
2) 구진희(2018), 02 공학설계개요, 강의자료PPT: 9.
3) 구진희(2018), 02 공학설계개요, 강의자료PPT: 10.
4) 구진희(2018), 02 공학설계개요, 강의자료PPT: 11.
5) 김대수(2016), **창의공학설계**, 생능출판: 127-138.
6) 김대수(2016), **창의공학설계**, 생능출판; 김호종(2012), **실용 트리즈: 창의공학설계입문**, 진샘미디어; 송윤섭(2016), **창의공학설계**, 문운당; 윤효진(2014), **사례로 배우는 창의 공학설계**, 휴먼싸이언스; 이원섭(2014), **(실습 및 사례 중심) 창의공학설계**, GS 인터비전; 정동명(2010), **(창의적 발상 기법 기반의) 창의공학설계**, 생능출판.
7) Edward 럼스데인 · Monika 럼스데인 · James W. 쉘닛(2002), **창의적 문제해결과 공학설계**, 명지대학교 창의공학 연구회 역, 파워북.
8) 박상태(2017), 공학교육에서의 비판적 사고의 활용, **제1회 비판적 사고 교육 연구회 콜로키움 자료집**, 숙명여자대학교 교양교육연구소: 8-10.
9) 공학 설계 프로젝트의 문제 해결 과정은 다양한 단계로 나누어 접근해 볼 수 있다(김대수(2016), **창의공학설계**, 생능출판; 김영채(2010), **창의력의 이론과 개발**, 교육과학사; 김은경(2016), **창의적 공학설계**, 한빛아카데미; 조연순 · 성진숙 · 이혜주(2010), **창의성 교육**, 이화여자대학교출판부; 최석민(2004), 듀이의 문제 해결과 비판적 사고의 관계, **교육철학**, 25: 163-178). 여기에서는 럼스데인 등이 제안한 상품 개발 5단계 과정을 참고하였다(Edward 럼스데인 · Monika 럼스데인 · James W. 쉘닛(2002), **창의적 문제해결과 공학설계**, 명지대학교 창의공학 연구회 역, 파워북).
10) 이 글의 비판적 사고의 문제 해결 과정과 기량을 활용한 창의 공학 설계 교육 지침은 다양한 공학 설계 교육에 활용하기 위한 비판적 사고 교육에 관한 연구 결과(박상태(2020), 공학교육에서의 비판적 사고의 활용 방안, **공학교육연구**, 23(6): 27-32; 박상태 · 김제도 · 윤성호(2020), 비판적 사고를 활용한 공학 설계 교육, **공학교육연구**, 23(6): 51-59)를 홍익대학교의 <창의적 공학 설계와 기업가 정신> 과목에 맞추어 재구성한 것이다.

제 4 장

비판적 사고를 적용한
공학 설계 보고서 쓰기 교육

1. 공학 설계 보고서 개요

공학 설계 프로세스는 문제 해결의 해답을 얻기 위해 적용하는 체계적이고 방법론적인 과정을 말한다. 미국의 공학교육인증위원회(ABET: Accreditation Board for Engineering and Technology)에서는 '공학 설계란 필요한 것을 만들기 위해 시스템, 요소, 프로세스를 개발하는 과정, 즉 기초과학, 수학, 공학을 응용하여 목표로 하는 최적의 제품 또는 결과물을 얻기 위한 반복적인 의사결정 과정'이라고 정의하고 있다.[1] 또한, 공학 설계 프로세스는 학문 분야에 따라 세부적인 설계 단계 및 단계의 결과물은 다를 수 있으나 제약조건 내에서 목표에 도달할 수 있게 도와주는 체계적인 접근 방법을 제공한다는 점과 수많은 경험을 통해 정립되고 체계화된 과정이라는 점은 동일하다.

일반적으로 공학 설계 교과목에서는 설계상의 문제점 파악 및 설계 계획과 실천의 일관성 유지 등 학생들의 공학 설계 수행 경험을 체계화하기 위해 공학 설계 최종 단계에서 설계 보고서를 작성한다. 수업방식이나 평가는 일반 강의식 수업보다 학생들의 설계 과제 수행 및 과정 보고, 토론, 결과 발표 등의 비중이 더 높고, 지필식 평가보다는 보고서나 프레젠테이션 평가가 더 중시된다.[2] 이는 엔지니어가 갖춰야 하는 핵심 능력으로 자신의 전공 분야뿐 아니라 다양한 분야의 사회 구성원들과 원활히 소통할 수 있는 능력과 사회 현안에 대한 비판적 안목 및 식견이 요구되기 때문이기도 하다. 이를 위해 ABEEK(한국공학교육인증원 Accreditation Board for Engineering Education of Korea)는 공학교육 프로그램에서 전공 및 MSC(수학, 과학, 컴퓨터 관련) 교과목과 더불어 전문교양 교과목을 이수하도록 하고 있으며, 전공 특성을 반영한 과학기술 글쓰기, 공학 글쓰기 등과 같은 교과목이 이에 해당한다고 볼 수 있다. 공학교육 프로그램의 전문교양 영역에서 전공 특성을 반영한 글쓰기 교과목을 편성하는 배경은 상술한 전공 영역에서의 의사소통 교육 필요성에 의한 것이며 이는 공학인증

기준의 학습성과에서도 확인할 수 있다. 일반적으로 창의 공학 설계(기초설계)나 종합설계와 같은 설계 교과목들은 학습성과(PO: Program Outcomes) 7 '다양한 환경에서 효과적으로 의사소통할 수 있는 능력'을 포함시키고 있으며 전공 교과목 영역에서의 의사소통 능력 배양을 부차적인 목표로 삼고 있다. 본고에서는 공학 설계 수행 단계에서 적용할 수 있는 비판적 사고의 요소와 기준은 무엇인지 살펴보고, 이를 공학 설계 보고서 쓰기 교육에서 활용하고자 한다.

ABEEK는 공학 설계 프로세스의 기본적인 요소들로 목표의 설정, 합성, 분석, 제작, 시험, 평가 등을 제시하고 있는데 공학 설계 프로세스를 통해 특정 문제(목표)를 분석하고 종합하여 가장 적합한 결론을 도출하기 위해서는 논리학을 기반으로 하는 비판적 사고를 필수로 삼고 있다. 또한, 창의성을 연구하는 학자들은 공학 설계 과정의 새로운 아이디어를 요하는 문제에서는 창의적 사고가 수반되어야 한다고 주장하고 있다.[3] 또한, 문제 해결과 비판적 사고에 관한 여러 연구자들은 창의적 문제 해결 과정에서 대안 탐색이나 문제 해결의 반성적 성격은 비판적 사고의 개념을 포괄한다고 하였다.[4]

공학 설계가 갖는 성격은 그 문제가 무엇이든지 큰 관점에서는 창의적 문제 해결의 각 단계로 볼 수 있다. 비판적 사고

에 대한 논의는 듀이(Dewey)에서부터 럼스데인(Lumsdane),
피셔(Fisher), 폴(Paul), 김영정 등 여러 관점과 주장이 있다.
문제 해결 과정에서 비판적 사고를 한다는 것은 비판적 사
고의 문제 해결 과정에 들어 있는 무엇(요소)이 어떠한지
(기준)를 점검해 보는 것이다. 이때 비판적 사고의 요소와
기준은 합리적 의사 결정과 창의적 문제 해결의 도구로서
기능한다.

2. 창의적 문제 해결과 공학 설계

1) 창의적 문제 해결 프로세스

문제 해결이란 어떤 상황에서 문제를 인식하고 현재 상
태에서 목표 상태에 도달하기 위해 행하는 일련의 인지적
처리 및 사고 활동이라고 볼 수 있다. 창의적 문제 해결은
문제 해결 과정에서 기존의 정보나 지식을 단순히 적용하
거나 이용하는 것만이 아니라 새로운 아이디어 생성을 위
해 창의적 사고가 요구되는 문제를 해결하는 과정을 말한
다.[5] 폴리아는 문제 해결을 문제 이해, 해결 계획 수립, 문
제 해결, 검토와 최종 점검 등 4단계로 제시하였는데 문제
를 이해하고 아이디어를 스케치하여 문제 해결 계획을 수

립하는 과정에서 창의성 향상에 큰 도움을 주며 대부분의 문제 해결에 있어서 매우 효율적이며 편리한 시스템적 접근 방법이라고 하였다. 창의적 문제 해결 프로세스로 널리 알려진 CPS(Creative Problem Solving) 프로세스는 2004년 아이작센과 트레핑거가 제안한 것으로 문제 발견, 다양한 해결 아이디어 도출, 실행 가능한 아이디어 선별, 실행 계획 수립, 실행 등의 다른 문제 해결 프로세스와 크게 다르지 않음을 알 수 있다. [그림 4.1]에는 일반적인 창의적 문제 해결 프로세스가 나타나 있다.

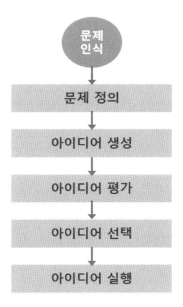

[그림 4.1] 창의적 문제 해결 프로세스

창의적 문제 해결력을 평가하는 미래 문제 해결 프로그램(FPSP: Future Problem Solving Program)은 3개의 영역으로 전체 6단계 문제 해결 모형을 제시하였다. 문제의 이해에서는 단계 1: 도전 확인해 내기, 단계 2: 핵심 문제의 선정, 아이디어 생성에서는 단계 3: 해결 아이디어의 생성, 실행 계획 세우기에서는 단계 4: 판단 준거의 생성과 선택, 단계 5: 판단 준거의 적용, 단계 6: 실행 계획의 개발 등이다.6) 듀이는 문제 해결의 속성을 반성적 사고(reflective thinking)로 간주하였으며, 듀이의 문제 해결 과정은 곤란, 곤란검토, 가능한 해결책 제안, 제안/추리에 의한 전개, 행위에 의한 가설 검증의 5단계로 구성된다.

한편, Hedges는 문제 해결의 각 단계를 평가하는 데 비판적 사고가 적용될 수 있음을 주장하였다. 문제 해결 과정은 문제를 재조직하기-문제 정의하기-개념을 이해하고 일반화시키기-가설 세우고 검증하기-가설 수정하기-결론 형성하기의 일련의 절차로 구성되어 있지만, 비판적 사고는 문제 해결 각각의 단계에 평가적 활동을 할 수 있는 능력들로 구성되었다고 하였다.7) French 또한 비판적 사고는 절차적이지 않음으로 인해, 비판적 사고의 기술과 전략은 사고되어야 할 특정한 과제의 필요에 의해 선택되는 것이라고 보았다.

2) 공학 설계 프로세스와 보고서 쓰기

공학은 과학적, 경제학적, 사회적 원리와 실용적 지식을 활용하여 새로운 제품, 도구 등을 만드는 것 또는 만드는 것에 관한 학문으로 정의된다. 따라서 공학 설계는 새로운 제품, 도구 등 공학 분야의 목적물을 만드는 일에 대한 계획을 세우고 아이디어를 구체화시키는 과정으로 도면과 같은 공학 설계 산출물 등을 포함하는 개념으로 정의할 수 있다.

<표 4.1>의 ABEEK에서 제시하고 있는 6단계 공학 설계 단계에서 목표 설정 단계의 세부 내용은 문제 인식 또는 문제 정의로 볼 수 있다. 창의적 문제 해결에 중점을 두는 기초설계 교과목에서 목표 설정은 문제 인식을 포함하는 문제 정의 단계라고 할 수 있으며 일반적인 공학 설계 프로세스에서는 문제 정의 단계라고 할 수 있다.

<표 4.1> ABEEK의 공학 설계 단계

순서	단계	세부 내용
1	목표 설정(goal)	설계의 목표(주제) 및 기준 선정
2	합성(synthesis)	설계 목표 달성을 위한 설계도 제시
3	분석(analysis)	설계도 분석을 통한 해석 방법 및 결과 문서화
4	제작(construction)	필요한 부품 구입 및 제작
5	시험(testing)	시험 방법 문서화
6	평가(evaluation)	평가 기준 설정 및 평가, 팀 활동에 대한 자체 평가

공학 설계는 어떤 공학적 목표를 달성하기 위한 구체적인 계획과 관련된 것들을 총칭하며, 주어진 제한 조건 안에서 목적에 부합하는 공학 설계 결과물을 만드는 창조적 과정을 의미한다. 따라서 공학 설계 과정에서 산출되는 창의적 발상을 통한 아이디어, 그에 따른 구체적인 목표와 다이어그램들, 설계 수행에 수반되는 요구 사항 및 제한 사항 등을 포함할 수 있다. 공학 설계 교과목에서 과정의 산출물을 체계적으로 나열하고 정리하여 보고서를 작성하는 일은 공학도에게 핵심적으로 요구되는 의사소통 능력이다. 공학 설계의 산출물은 공학 설계의 개념과 정의에 따라 달라질 수 있으며 일반적으로 설계 결과물 외에 아이디어를 개략적으로 설명하는 개념 설계도인 스케치, 제품 도면, 공학적 해석 결과, 공정도, 시험 평가 보고서 등을 포함한다. 공학 설계 보고서는 이러한 내용을 포함해서 공학 설계 전반의 과정을 잘 기술되도록 작성되어야 할 것이다.

공학 설계는 일반적으로 하나의 학문 영역일지라도 여러 분야가 연계된 복잡한 과정이며, 창의성과 분석력을 필요로 하는 상호작용적 반복 과정이 요구되는 특성을 갖는다. 또한 공학 설계 프로세스는 응용 분야, 학자, 문헌에 따라 단계의 개수도 다르고 용어 또한 매우 다양하게 표현되어 있다. 공학 설계 프로세스에서 최종 설계가 확정 승인될 때까지 어떤 모델이나 프로토타입의 테스트와 수정은 매우 중요한데 때로는 이전 단계로 되돌아가서 다른 각도에서 문제를 살펴보는 것도 필요하다.

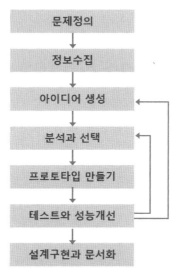

[그림 4.2] 7단계 공학 설계 프로세스

[그림 4.2]에는 7단계를 기준으로 제시한 공학 설계 프로세스 모델이 나타나 있다. 여기에서 보면, 공학 설계 프로세스 최종 단계에서 설계 구현 및 문서화를 수행한다. 공학 설계 보고서는 설계 결과물을 평가하고 체계화하며, 팀원 또는 타인과 원활한 의사소통을 위해 작성한다. 공학 설계 보고서에는 문제 해결 과정을 직선적이고 계열적이 아니라 서로 연결되어 각 단계별 수행 내용을 기술해야 한

다. 창의적 문제 해결력은 바로 이 단계별 또는 전체적인 평가 요소가 보고서에 잘 반영되었는지를 평가하는 것으로 볼 수 있다.

3. 창의적 문제 해결 과정에서 비판적 사고의 적용

비판적 사고의 개념이 문제 해결적인 속성을 가지며 창의적 문제 해결 과정에서 창의성의 한 요소로서 비판적 사고가 강조되고 있다. 공학 설계는 여러 분야가 연계된 매우 복잡한 과정으로 창의성과 분석력을 필요로 한다. 특히 공학 설계의 첫 단계인 문제 인식 단계에서 활용하는 창의적 발상 도구들은 풍부한 상상력을 토대로 가능한 많은 아이디어를 도출하고 평가하며 그 가운데 가장 좋은 아이디어를 선택하는 것이 핵심이다. 비판적 사고가 창의성의 요소를 갖는 것은 여러 연구에서 찾아볼 수 있다.

김영정(2005)은 어떤 사안에 대해 훌륭한 판단을 내리기 위해서는 다른 사람들이 말하는 것에서 잘못된 점을 찾아내는 것만으로는 충분하지 않고, 상상력을 토대로 자신이 고안해 낼 수 있는 최선의 논증에 기초해서 판단할 필요가 있다고 하였다. 또한 다른 관점에서 논의 사항들을 바라보아야 하며 대안적인 시나리오를 상상해야 하며 다른 적절한 정보들을 찾아내야 하는 것 등이 필요하다며, 즉 매우 창의적이 될 필요가 있다고 했다.8) 서민규(2012) 또한 비판적 사고는 제시된 논증과 아이디어를 잘 평가하고 이를 위해서는 종종 풍부한 상상력을 토대로 다른 가능성들, 대안적인 고려들, 그리고 다른 선택지 등을 창의적인 방식으로 찾아내야 하기 때문에 비판적 사고에서 창의성의 요소가 갖는 의미를 강조한다.9) 비판적 사고는 보편적으로 적용할 수 있는 어떤 사고 기능 공식이나 따라야 할 단계가 있는 것이 아니라 쓰기나 조각처럼 창의적이고 생성적인 과정의 것이다. 비판적으로 사고하는 능력은 끝이 없는 과정이며, 다른 여러 기능과 함께 유능한 비판적 사고자가 될 수 있음으로 연습을 통해 사고 기능에 대한 학습이 이루어져야 한다.10) 최희봉(2017)은 비판적 사고를 적용하기 위해서는 '주어진 또는 자신이 구성한 텍스트를 놓고 이것에 대해 비판적 사고의 여러 요소와 여러 기준을 적용시키는 것'임을 밝혀두었다.11)

비판적 사고의 요소들과 기준들은 이론가들에 따라, 8가지, 9가지, 또는 10가지로 열거된다. 비판적으로 사고한다는 것은 이런 요소들을 가지고 텍스트를 분석하고 이해하며, 이 요소들에 대해 특정 기준들을 적용시켜서 판단하고 평가하는 것을 말한다. <표 4.2>는 리처드 폴과 김영정이 제시한 비판적 사고의 구성요소와 기준을 나타낸 것이다.

<표 4.2> 비판적 사고의 구성요소와 기준

번호	비판적 사고의 요소		비판적 사고의 기준	
	리처드 폴	김영정	리처드 폴	김영정
1	목적	목적	명료성	분명함
2	문제	문제	정밀성	명료성
3	정보	정보	정확성	정확성
4	함축(귀결)	함축	중요성	중요성
5	개념	개념	관련성	적절성
6	관점	관점	논리성	논리성
7	가정	전제	폭넓음	다각성
8	추론	결론	깊이	심층성
9		맥락	공정성	충분함

이와 같이 비판적 사고가 창의적 문제 해결을 포괄한다는 주장에서는 창의적 문제 해결의 대안 탐색이나 문제 해결의 반성적 성격이 비판적 사고의 반성적 사고, 즉 평가적 속성을 갖는 비판적 사고 개념을 포괄한다고 볼 수 있다.

4. 비판적 사고를 적용한 공학 설계 보고서 쓰기 교육의 효과

공학 설계 과정은 해당 문제를 찾아 타당한 근거로 정의하는 것이 최우선 순서이며 다양한 출처로 정보를 수집했는지, 근거를 제시했는지, 아이디어 생산에 있어서 다양한 관점으로 생각했는지, 이 아이디어에 대하여 스스로 '관찰'하고 주요 주제로 정리했는지를 스스로 '분석'하고 선택하는 과정을 거친다. 이때 의견과 사실을 구분하고 각각의 정보에 대한 가치를 '평가'하는 과정을 거쳐 선택하는 과정이 중요하다. 이에 따라 프로토타입을 제작하면서 다른 변수나 구성에 대해서도 가능한 결과에 대한 '반성'을 했는지에 대해 스스로 검증해 가면서 테스트와 성능 개선을 고려한다. 이후 설계 구현 단계에서도 이를 공학 설계 보고서로 문서화하는 작업에서도 스스로 검증 단계를 거친다.

이처럼 아이디어 생산에서부터 결과까지의 과정마다 비판적 사고를 적용하여 공학 설계 보고서를 쓴다면 보다 탄탄한 결과를 생산하게 될 것이다. 즉, 비판적 사고 과정의 단계를 거치지 않은 보고서와는 차별화되는 공학 설계 보고서를 작성할 수 있을 것이다.

비판적 사고를 적용한 공학 설계 보고서의 효과는 다음과 같다. 첫째, 공학 설계 보고서를 쓰는 과정을 통해 최선의 문제 해결을 모색할 수 있다는 점이다. 다양한 대안들을 모색하며 현재 아이디어의 비판점을 찾아봄으로써 실패율을 줄일 수도 있다. 그리하여 최소 비용으로 최대 효과를 창출할 수 있는 공학 설계를 할 수 있는 효과도 거둘 것이다. 둘째, 공학도를 단지 기술력만 지닌 기술자가 아니라 사회와 인간의 삶에 대한 깊은 성찰을 통한 융합적 전문가로 양성하게 한다. 셋째, 공학의 나아갈 바람직한 방향에 대해 비판적 사고를 함으로써 무엇이 진정으로 인간에게 도움이 되는 기술력인가에 대해 고민하여 공학 발전의 지평을 넓힐 수 있는 기회를 제공한다. 공학이 인간과 맺는 관계에 대해 보다 깊이 성찰하는 과정을 통해 공학이 단지 기술에 그치는 것이 아니라 사회와 인간의 지속 가능한 발전을 모색할 수 있는 계기가 될 수 있을 것이다.

비판적 사고는 전공과 관계없이 모든 대학생들이 갖추어야 할 핵심 능력이다. 특히 공학도에게 공학 설계 수행 과정뿐만 아니라 설계 보고서를 작성할 때에도 비판적 사고 능력이 요구된다. 공학 설계 보고서를 작성할 때 비판적 사고는 한 가지 관점에서 벗어나 다양한 다른 관점으로 사고를 확장시키며, 사고의 근거를 모색하여 사고에 의문을 제기하며 근거의 타당성을 검증할 수 있게 한다. 즉 왜 이러한 아이디어를 생각하게 되었으며, 그 결과 어떠한 결과가 생산되는지 그 과정을 스스로 설명할 수 있게 된다.

공학 설계 보고서를 잘 작성하기 위해서는 자신이 배운 지식을 이해하고 그것을 체계화하여 전달할 수 있어야 한다. 이때 필요한 능력이 비판적 사고력과 의사소통 능력이다. 이론이나 실습을 통해 공학 설계에 대한 지식을 정확하게 이해하고 습득하여 그것을 알기 쉽게 체계적으로 구성해 보고서로 작성한다는 것은 자신들이 연마하는 지식이 어떻게 세계에 영향을 미치는가를 고민하게 되는 과정이다. 이는 자신을 둘러싼 세계에 대해 질문을 던지는 비판적 사고 과정과 닮아 있다. 공학 설계 보고서는 단순히 공학적 지식을 쉽게 전달하는 데 그치는 것이 아니라 그것이 세계와 관련되는 방식에 대해서 치열하게 고민해야만 보고서를 잘 구성할 수 있다.

또한 교수자도 비판적 사고 단계를 통한 조직화된 루브릭을 통해 공학 설계 보고서를 평가한다면 결과보다 과정을 중시하는 보다 객관적인 평가가 가능하며, 평가의 기준을 보다 명확히 제시할 수 있을 것이다. 그러므로 비판적 사고 단계의 활용은 교수자와 학생 모두에게 좋은 학습 결과를 창출할 수 있는 모델로 기능할 수 있다.

미주

* 이 장(章)은 "구진희·황영미(2021), 비판적 사고를 적용한 공학설계 보고서 쓰기 교육연구, **공학교육연구**, 24(1): 51-61"을 수정·보완한 것이다.

1) 김대수(2016), **창의공학 설계**, 생능출판사.
  김은경(2016), **창의적 공학 설계**, 한빛아카데미.

2) 이인영(2010), 효과적인 과학 글쓰기 교육을 위한 공학 실험 보고서 고찰, **현대문학의 연구**, 4: 551-578.

3) 조연순·성진숙·이혜주(2010), **창의성 교육**, 이화여자대학교출판부.

4) 서민규(2012), 비판적 사고와 창의적 문제 해결, **교양교육연구**, 6(3): 221-247.
  최석민(2004), 듀이의 문제 해결과 비판적 사고의 관계, **교육철학**, 25: 163-178.

5) 조연순·성진숙·이혜주(2010), 앞의 책, 91쪽.

6) 김영채(2010), **창의력의 이론과 개발**, 교육과학사.

7) 최석민(2004), 앞의 책, 169쪽.

8) 김영정(2005), 고등사고능력의 7범주, 자연과 문명의 조화, 53(6): 106.

9) 서민규(2012), 앞의 책, 225쪽.

10) 이명숙(2010), 비판적사고 교육의 변천과 수업실제, **교육학논총**, 31(1): 1-18.

11) 최희봉·김태영(2014), 비판적 사고와 철학적 논증, **교양교육연구**, 8(6): 585-614.

제 5 장

영화를 활용한 비판적 사고 교육

1. 영화 활용 교육과 비판적 사고 교육의 필요성

여기에서는 영화를 활용하여 공학도들에게 비판적 사고 교육을 하는 이유 및 방식을 제시하고자 한다. 먼저 왜 비판적 사고 교육이 필요한가에 접근해 보겠다. 옥스맨 (Oxman)[1]은 지식은 판단과 본질적으로 이어져 있다고 보고 있으며 학부 교육의 중심이 된다고 하였다. 하나의 주장이 받아들여지기 위해서는 타당한 근거를 토대로 해야 한다. 이것은 바로 비판적 사고의 핵심이기 때문에 비판적 사고가 대학교육에서 가장 중요하다고 하였다. 비판적 사고는 가장 타당한 논리를 통해 특정한 주장이나 판단을 지지하는 원칙들을 발견하고 적용하는 능력과 이것을 하고자 하는 욕구를 포함하고 있다고 하였다.

비판적 사고의 초석을 다졌다고 인정받는 존 듀이((John Dewey)는 비판적 사고를 '반성적 사고'로 불렀고, '결론의 견지에서 믿음 또는 가설적 형태의 지식을 능동적이며, 지속적이고 주의 깊게 고려하는 것'이라고 하였다. 이는 믿음이나 지식을 적극적으로 탐구하여 본질에 이르기까지 사유하는 과정을 말한다. 존 듀이는 "사고란, 새로운 것을 발견하거나 기존의 무언가를 새로운 시각으로 바라보기 위해 의문, 탐색, 대조와 캐묻는 과정이다. 한마디로 표현하자면, 이는 의문을 갖는 것이다"[2]라고 주장하였다.

존 듀이의 논의를 전체적으로 간단히 정리하면 문제의 발견, 문제의 심화, 문제 해결의 구조 사유과정을 제시한다. 문제를 발견하기 위해 기존의 경험을 먼저 의심하고, 관찰행동을 포함한 지적 정리단계를 거친 다음 해결책을 위한 가설 설정단계, 다음으로 아이디어의 의미에서 추론하여 사고를 전개한 후 아이디어의 타당성을 검증하는 가설검증의 단계를 제시한다.

다음으로 영화 활용 교육이 왜 필요한가에 대해 접근해 보겠다. 블루스톤(Bluestone)[3]은 비판적 사고를 무엇을 할지 무엇을 믿을지에 초점이 맞춰진 합리적이고 반성적인 사고로 정의한 에니스(Ennis)[4]의 논지를 인용하면서 이상적인 학습을 유발하기 위해서는 다양한 학습방식을 인지하고 그에 따른 다양한 전략이 필요하다는 것을 강조한 바 있다. 이에 이 글에서는 그 전략의 하나로 영화를 활용하고자 하는 것이다. 또한 리멘더(Remender)[5]는 사고는 "두 갈래 길" 상황과 함께 시작한다는 존 듀이의 말에 대해 이는 사람들이 선택에 앞선 상황들을 일컫는다고 보았으며, 학생들이 의문을 갖고 서로의 해석을 교환하는 행위를 격려한다는 점에서, 교수자는 고려하고자 하는 이슈들을 반영하는 영화들을 적절히 선택해야 한다고 하였다. 리멘더는 또한 레퍼드(Leonard)[6]가 학습하는 과정은 곧 변하는 것이고, 교육은 학습자를 변화시키는 과정이라는 주장을 인용하면서, 학습하는 과정에서 학습자 스스로가 특정한 행동 방식의 긍정적, 부정적인 면을 고려한 뒤 이에 대한 이유를 제공함으로써 학습은 기존의 믿음을 굳히게 되는 계기가 될 수도 있다고 설명하고 있다. 이를테면 전통주의자들은 과거로부터 이어져 온 방식들에 순응하는 반면에 보수주의자들은 다양한 대안을 고려하고 잠재적 결과들을 감안하여 기존의 방식들을 능동적으로 선택할 수 있기 때문이다. 리멘더는 이 점을 고려하여 학습 과정에 사용될 영화 선별의 중요성을 강조했다. 학습 자료로 사용될 영화는 의견의 충돌을 유도할 수 있거나 시청자들로 하여금 특정한 상황을 다양한 관점으로 바라볼 수 있게 해줄 수 있어야 한다는 점을 강조하였다.

위의 논의에 근거하여 여러 영화들 중 어떤 영화를 어떻게 사용하여 수업에서 비판적 사고를 키울 수 있는지의 여러 방법을 모색해볼 필요가 있다. 요즈음 학생들은 영상세대라 지칭되는 만큼 영화에 관심이 많고 열려 있다. 영화를 활용한 교육의 효과는 영화 텍스트에 담긴 사상과 내용을 이해하며, 열린 사고를 통한 비판적 사고력 증진에 효과적일 것으로 기대된다. 모든 오류추리는 그럴듯하다. 그럴듯하지 않다면 오류에 빠지지도 않기에, 오류추리 자체가 성립되지도 않는다. 그러므로 비판적 사고를 키우는 수업에서는 먼저 오류추리에 관해 학습한 다음 말이나 텍스트에서 오류를 발견하도록 지도하는 것이 중요하다.

영화를 활용하여 비판적 사고를 통한 표현 교육을 효과적으로 할 수 있는 방식은 공학도에게 감성적, 윤리적인 측면까지 교육시키는 효과를 제공할 것이다. 여기에서는 먼저 영화를 활용한 비판적 사고 교육의 교육적 효과를 살펴보고, 다음으로 효과적인 비판적 사고 공학교육 모델을 모색하고자 한다. 비판적 사고 교육 과정은 먼저 질문을 통한 문제의 발견을 통해 문제 해결력을 키울 수 있도록 교육한다. 다음으로는 토론을 통한 문제의 재정의 및 심화를 교육하고 마지막으로 문제에 대한 해결책의 모색 및 평가라는 모델로 교육한다.

2. 영화를 활용한 비판적 사고 교육 방법

서구의 많은 학자들이 비판적 사고 교육과 영화 활용 교육의 관련성에 대해 언급한 바 있다. 쉐피(Chaffee)[7]는 비판적 사고의 첫 단계가 능동적으로 생각하는 것이라고 제안한다. 이로 인해 고등 수준의 인지적 능력이 육성되고, 학생들은 수업의 개념들을 응용하고 평가하는 방법을 배울 수 있다고 주장하였다. 또한 블루스톤(Bluestone)[8]은 기존 연구자들(Gregg et al.)[9]이 영화 분석은 능동적인 학습을 향상시킨다고 제의해 왔다는 점을 강조하였다. 처음 볼 때는 이것이 모순적으로 보일 수도 있지만, 대부분의 능동적 학습은 직접적 과정(hands on)을 통한 발견 과정과 연관되기 때문이다. 하지만 블루스톤은 페리 등(Perry et al.)[10]의 주장을 인용하면서 능동적 학습은 개념에 대한 학생들의 능동적인 인지 과정을 자극하는 인지적인(minds on) 과정도 요구한다고 주장하였다. 이런 관점에서 영화 활용 교육은 커리큘럼의 내용과 개념적으로 연관지었을 때 학생들의 참여도를 증가시킨다.

이러한 능동성을 격려하기 위해 교수자들은 먼저 핵심 요점과 정의를 제공해야 한다. 그 후 학생들에게 이런 개념들이 영화에서 주어진 상황에 어떻게 적용되는지 물어볼 수 있다. 다른 방법으로는 교수자가 개념적인 자료를 제공하기 전에 영화나 영상을 보여주고, 특정한 문맥을 염두에 두면서 영화를 비판적으로 보도록 할 수 있다. 그 후 우리의 안내를 통해 학생들은 연관된 개념에 대한 스스로의 이해를 생성할 수 있다.

페리 등(Perry et al.)은 수업 과정에서 능동적인 학습자들은 학습 자료에 대해서 생각한 후, 위험을 두려워하지 않고 질문해야 한다는 점을 강조하였다. 쉐피는 이 과정에서 교수자들이 지적인 위험을 감수를 하도록 지도하여야 한다고 주장했다. 이 과정은 비판적 사고의 다양한 층위를 증진시켜 줄 수 있다.[11] 쉐피에 의하면 비판적 사고는 다층적이며, 대립되는 주장들의 근거가 타당한지를 평가하는 능력을 포함하며, 논제를 다양한 시점에서 고려할 수 있어야 하기 때문이다. 앤더슨(Anderson)[12]의 주장인 '영화와 드라마에 등장하는 대립들은 학생들로 하여금 개념적인 자료를 파악하는 것을 넘어서 다양한 시점에서의 '비판적 분석'을 하게 할 수 있다고 하면서 여러 영화들의 구성에는 이미 구조적인 대립이 내재되어 있음을 지적했다.

매시(Macy)와 테리(Terry)[13]는 비판적 사고에 집중된 경제학 수업에 영화를 응용할 수 있는 틀을 제공하고 있다. 이들은 교육의 중점이 제시되는 자료의 양(한 학기에 얼마나 많은 단원을 나가는가)보다는 학습 목표의 이해도에 보다 중점을 두는 것을 강조하였다. 이러한 변화는 학습 과정의 평가가 강조되었기 때문이라고 하였다. 또한 평가 과정은 주로 학생들이 배워야 할 능력들을 지정하고, 지정된 능력에 대한 충분한 이해도를 확인하는 과정으로 이루어진다. 학습 결과는 단순히 배운 사실들을 재인용하는 것이 아니라, 이해하고 실행할 수 있는 다양한 개념에 대한 이해와 사고 능력의 실행이라는 것을 강조하였다. 또한 학생들에게는 다양한 윤리적 상황에 공감할 기반이 되는 인생 경험이 부족한데 영화는 이러한 이론과 현실을 이어주는 역할을 한다고 하였다. 영화는 주제를 시각적으로 제시하며, 관객들이 이슈를 보고 이해하게 하는 필수적인 배경을 제공한다.

매시와 테리는 영화를 통해 비판적 사고 능력을 성공적으로 가르치고 토론이 주제를 벗어나지 않기 위해 교수자는 수업에서 다룰 주제를 요약해야 하며, 주제들의 반복을 피하기 위해 각 영화는 다른 시각을 제공해야 한다는 점을 강조하고 있다. 영화활용 교육은 설교적인 느낌 없이 학생들에게 깊이 있는 윤리적 딜레마를 흥미롭게 제시한다는 점을 강조하며 영화에 대한 수업 토론과 글쓰기 과제는 평가에 적합한 자료를 제공할 수 있다는 점을 강조하고 있다. 그밖에도 수업 구조와 평가에 대해 설명하고 있는데, 영화를 한 수업에 시청하기는 어려우므로 두 개의 수업으로 강의를 구성하였다. 학생들에게 영화를 보기 전에 토론 지문들이 주어졌고, 각 영화에 대한 그룹을 나누고 조장이 지정되었다. 각 영화에 따른 토론은 교수자와 조장에 의해 시작되었고, 메인 이슈들이 점차 소개되었다. 다른 학생들은 이후에 토론에 포함되는 형식으로 진행되었다.

토론 기반의 수업에 대해 모든 학생들이 처음부터 편하게 느끼지 않았지만, 열린 질문들을 제공하고 학생들이 토론을 통해 자신의 주장을 구성하게 함으로써 점차 모든 학생들이 쉽게 참여하고 편안함을 느낄 수 있었다. 모든 토론 기반의 수업과 마찬가지로 한 개인이 토론을 지배하는 것을 막고 모든 아이디어가 제시되는 것이 가장 중요하다. 각 영화가 끝난 후, 학생들에게 영화와 강의 자료에 대한 에세이 과제가 주어졌다. 학생들에게는 분석에 필요한 충분한 아이디어가 쌓이도록 글을 쓰기 전에 며칠 동안의 충분한 시간을 갖도록 지도되었다. 에세이에는 주어진 딜레마에 대해 뉴스에서 소개된 현재 적용 예시도 요구되었다. 현재의 사건을 포함함으로써 학생들은 윤리적 딜레마가 얼마나 넓게 퍼져 있는지 깨달을 수 있고, 많은 딜레마들에 명확한 해결책이 없다는 것을 느낄 수 있었다. 학생들은 기업이나 사회의 특정한 특징들이 어떻게 윤리적 딜레마를 위한 환경을 조성하는지 이해할 수 있었다. 마지막으로 학생들은 이슈에 대한 입장을 갖고 명확하게 글이나 말로 주장을 제시하는 방법을 배울 수 있었다.

3. 영화를 활용한 비판적 사고 교육 과정과 채점 기준표

(1) 매시(Macy)와 테리(Terry)의 영화를 활용한 비판적 사고 교육 과정

매시와 테리는 수업에서 이공학적 이슈를 지닌 영화를 활용하여 비판적 사고 교을 할 때, 아래와 같은 질문을 학생들과 나눈다는 것을 언급하고 있다.14)

영화 <가타카(Gattaca)>에 대한 질문

1. 만약 상당한 유전자 조작이 가능하다면, 고용 차별이 그에 대한 결과 현상으로 등장할 수 있다고 생각하는가?

2. 만약 유전자 완벽화 기술이 근래에 개발이 된다면 그 기술로 자신의 자식을 조작할 것인가? 그에 대한 이유를 제시하라.

3. 당신이 미래에 싱글이라는 전제하에, 당신이 만나고 있는 상대와의 불균형적인 격차를 줄이기 위한 유전적 실험을 시행하겠는가?

4. 만약 우리가 유전정보가 투명한 세상에 살게 된다면, 이는 좋은 것이라고 생각하는가 아니면 나쁜 것이라고 생각하는가? (당신이 스스로의 유전자 정보와 건강에 대한 정보를 보다 많이 갖고 있지만 잠재적 고용주들과 보험회

사 등의 기관들도 이런 정보를 열람할 수 있다.)

5. 당신은 본성(타고난 조건)이 중요하다고 생각하는가? 아니면 길러지는 환경이 중요하다고 생각하는가? 또한 타고난 조건이 조작 가능하다면, 이런 조작된 조건 또는 길러지는 환경 중에 무엇이 더 중요하다고 생각하는가?

영화 <불편한 진실(An Inconvenient Truth)>에 대한 질문

1. 알 고어의 기본적 주장은 지구온난화가 실제 현상이라는 것과, 그 원인은 인간의 외부 활동과 이산화탄소라는 것이다. 1에서 10이라는 기준으로 평가했을 때, 이 다큐멘터리를 시청 한 후 알 고어의 의견에 얼마나 설득되었나?

2. The Associated Press 는 기후 연구 분야의 19명의 전문가에게 연락을 했으며, 모두가 알 고어의 기후 변화에 대한 과학적 설명이 올바르다고 동의했다. 반면에, 기후학자 리처드 린드즌이 월스트리트 저널에 작성한 기사는 알 고어가 주장한 내용은 현재 확인 가능한 데이터로 적절히 뒷받침되지 않았다고 비판했다. 당신은 The AP, 또는 월스트리트 저널 중에 믿을 수 있는 기관이 있나? 이유는 무엇인가?

3. 당신이 후회하기보다는 조심 하자는 생각으로 지구온난화를 예방하기 위한 대책을 실행하는 결론을 내렸다고 가정하자. 당신은 구체적으로 어떤 대책을 제시할 것이며,

이렇게 제시된 대책들을 따르는 경제적 의의는 무엇이 있는가?

4. 결론적으로 가장 그럴 듯한 사건을 선택하라. 1) 지구 온난화는 인간에 의해 일어난 실제 현상이며, 이에 따라 우리는 이산화탄소 사용을 줄일 수 있는 방법을 모색해야 한다. 2) 지구 온난화는 실제 현상이지만 지구 행성의 주기에 자연적인 부분적 현상이다. 우리는 아마 또 하나의 온난화 단계를 겪을 테지만, 우리의 주된 걱정은 다음 빙하기를 불러일으킬 밀집된 수증기가 될 것이다. 3) 지구 온난화는 과학 사회에서 자신들의 직장을 지키기 위해 제시된 가설이므로 지구 온난화에 대한 명확한 근거는 존재한 적도, 앞으로 존재할 일도 없다. 사실 기후학자들은 다음달의 날씨를 정확하게 예측할 수 없으며 세계의 종말은 더더욱 예측할 수 없다.

위 세 개의 의견 중 한 가지를 선택하여 이에 대한 이유를 제시하라.

매시와 테리가 제시한 위의 질문들을 다른 공학적 이슈에 대해 적용해 볼 수 있다. 이러한 질문의 과정을 통해 영화를 활용하여 비판적 사고를 키울 수 있다.

(2) 매시(Macy)와 테리(Terry)의 영화를 활용한 비판적 사고 교육의 채점 기준표

아래 표는 매시와 테리가 수업에서 실제로 사용했던 채점 기준표이며, 워싱턴 주립 대학교의 비판적 사고 교육 모델을 참고하여 만들어졌다. 각 학습 목표에 대해 학생들은 성취, 능숙, 충분, 불충분으로 평가되었고, 성취는 A, 불충분은 D나 F로 성적이 주어졌다.

<표 5.1> 영화를 활용한 비판적 사고 교육의 채점 기준표[15]

학습 목표	불충분	충분	능숙	성취
문제나 이슈 파악	주요 주제에 대한 이해도의 심각한 결여	주요 이슈에 대한 불완전한 이해	주요 이슈에 대한 보다 완전한 이해	주요 이슈에 대한 완전하고 정확한 이해
맥락과 상황 파악 및 고려	다른 문맥에 연관 짓지 못함	분석의 일부는 외부적인 입증이 존재하지만 기초적인 기존의 입증에 의지	분석이 상황의 복잡함을 인지하나 문맥에 따른 편견이 존재함	이슈를 명료한 시야와 문맥에 따라 분석하며, 관객에 대한 평가도 포함됨

학습 목표	불충분	충분	능숙	성취
개인 의견 구성 및 제시	가설이나 자신의 주장을 제시하거나 설득시키지 못함	입장이나 가설이 그래도 받아들여진 것이나 본인의 고려가 결여	일부는 받아들여진 것이지만 대부분의 의견에 본인 고유의 생각과 다른 의견들을 인정, 반박, 합성, 또는 연장시킨 내용이 포함됨	지식을 건설하고, 객관적인 분석과 직관을 통합할 수 있으며, 대립되는 시점을 대응할 수 있음
주장을 뒷받침해주는 증거를 제시, 평가, 분석	데이터와 정보를 포함시키지 못함	일부의 정보를 간과하고, 사실, 의견과 가치판단을 구분하지 않음	정보를 찾고 선택하고 평가하는 능력을 보여주지만 인과관계와 상관관계를 헷갈림	데이터를 모으고 합성할 수 있으며, 데이터의 정확도와 연관성과 완전함을 비판하며 편견을 파악할 수 있음
타 학문적의 시각과 시점을 응용	한 가지 시점만 다루고 다른 시점들은 다루지 못함	분석을 보충하기 위해 다른 시각을 연관시키기 시작함	난이도 있는 아이디어를 자신없이 다루거나 대안적인 시점을 간과함	적절한 판단과 합리화를 거쳐 자신과 타인의 아이디어를 통합할 수 있음

학습 목표	불충분	충분	능숙	성취
결론과 의의를 파악하고 평가	해결책이나 추천 의견을 제시하지 못함	문제와 해결에 대해 문맥을 부분적으로 고려하지만 결론에 연관성만 존재하고 결과에 대한 고려가 부족함	해결책의 선택에 미치는 문맥의 영향을 고려할 수 있음. 다른 사람들이나 이슈에 영향을 줄 수 있는 의의를 제시함	제시된 해결책들에 대한 문맥을 명확하게 파악함. 의의를 적절하게 구성하며 모호함을 충분히 고려함
효과적으로 의사소통	의미가 불분명한 표현을 다소 사용함. 참고 문헌을 제시하지 않음	언어가 의사소통에 방해가 되지 않음. 참고 자료가 제시됨	오류가 자주 발생하거나 심하지 않지만 스타일과 보이스에 문제가 있을 수 있음. 참고 자료는 제시되어 있으며 정확히 사용됨	구성과 스타일이 명확하며, 각 아이디어를 제시하면서 발표가 향상되었으며, 참고 자료의 응용은 정보 활용에 대한 충분한 이해도를 보여줌

위에서 제시된 일곱 개의 학습 목표는 토론의 넓은 범위와 비판적 사고의 성장을 지도하기 위해 지정되었다. 초기에 학생들은 이슈를 파악하도록 요구되며, 핵심 이슈들을 둘러싸고 있는 문맥과 상황을 이해해야 한다. 학생들은 각

자의 의견을 구성하고 제시하는 과정에 적절한 뒷받침 근거를 제공해야 하며, 자신과 대립되는 의견들에 대응해야 한다. 의견 발달 및 구성 과정의 일부분은 다양한 시점으로 이슈를 분석하고, 이런 시점들에 따른 결론의 의의를 파악하는 것이다. 마지막으로, 의사소통의 질도 고려해야 한다. 이는 전통적인 비판적 사고의 평가에 포함되지 않았지만, 효과적으로 자신의 시점을 전달하는 능력은 그 의견에 대한 인지와 임팩트에 영향을 준다. 단순히 요약을 하기보다는 비판적 사고의 전반적인 목표는 참고 가능한 정보와 그 정보가 수집된 문맥, 다양한 시점과 그에 따른 결론들의 의의를 고려한 결론을 내리는 것이다.16)

(3) 영화를 활용한 따이어의 비판적 사고 교육 과정과 채점 기준표

디킨(Deakin)대학 교육자료에서 따이어(Thyer)는 비판적 사고 과정을 의미 있게 제시하고 있다.17)

<표 5.2> 비판적 사고 과정의 단계(Thyer, E.)

비판적 사고 단계	설명
관찰	어떤 정보가 습득 가능한지 판단 다양한 출처를 통한 정보 수집 현재 존재하는 정보 확인 다른 시각/시점 탐구 공통점과 반박(모순) 파악

비판적 사고 단계	설명
분석	정보를 주된 테마 또는 주장으로 정리
평가	각각 정보의 가치 구별 중요한 정보로 우선순위 파악 의견과 사실 구별
의문	가능한 대안들 고려 새로운 가설 구상
문맥화	다음과 같은 기준을 바탕으로 정보 문맥화: 역사적 고려 윤리적 고려 정치적 고려 문화적 고려 환경적 고려 특정 상황
반성	결론에 대해 질문과 실험 가능 결과에 대한 반성

이 부분에서는 숙명여자대학교의 교양필수 교과인 '비판적 사고와 토론' 수업에서 진행한 수강생들의 '인공지능, 미래의 재앙이다'(2016)의 찬반입론 근거 마련을 위한 비판적 사고과정을 [표5.2] 따이어의 비판적 사고 단계를 통해 적용해 보았다.

※ 찬성

[관찰]

1. 일자리 문제

인공지능으로 인해 사라지는 일자리의 종류를 관찰해 볼 때, 인간 고유의 영역이라 생각해 왔던 숙련직도 인간의 영역만은 아님을 알 수 있다. 그 결과 인간은 무력함을 느끼고 기계나 인공지능의 아래에 종속되어 하위 계층이 될 가능성이 크다.

2. 실업에 따른 인간소외 문제

인공지능이 인간의 일을 대신하여 실업문제가 생겨날 수 있고 이에 따라 인간은 자신의 정체성에 대한 혼란을 겪게 된다. 이는 곧 인간소외 문제와 인간의 삶의 질 저하로 이어진다. 산업혁명으로 인해 야기되었던 문제점이 또다시 반복되는 것이다.

3. 인류 위협의 위험성

미국 UC 버클리의 스튜어트 러셀 교수는 "발달한 인공지능을 가진 전투로봇이 인류에게 치명적인 위험이 될 수 있다"고 강조하였으며, 스티븐 호킹 박사와 일론 머스크 회장은 "인공지능은 일단 인간의 지능을 넘으면 스스로 더 나은 지능을 설계하게 되리라고 예측된다"고 하였다.

4. '인간 < 인공지능 < 인공지능을 개발하는 소수'로의 계급 분화 위험이 있다.

5. 다른 시각 관찰:

인공지능이 계속 개발된다면 불가능을 가능으로 바꾸어 과학이 더 발전하고 인간의 삶이 윤택해짐과 동시에 경제적인 이익을 도모할 수 있다고 볼 수도 있다. 또한, 생산의 3요소인 토지, 자본, 노동 중 인공지능이 노동을 사라지게 한다는 의견은 옳지 않다고 주장할 수도 있다. 새로운 일자리 규모는 인공지능이 기존의 업무 영역을 대체하는 것보다 적을 것이 분명하므로 결국 인공지능은 인간의 생활 영역을 침범하게 되고 실업문제가 더욱 심각해질 것이다.

[분석]

인공지능은 미래의 인류에게 악영향을 끼칠 것이 자명하다. 그 근거로는 인공지능이 인간의 노동을 침범하여 실업의 문제가 심각하게 야기될 수 있고, 인공지능의 자의식이 인간에게 위협이 될 수 있는 생각을 가지게 되어 인간에게 위협이 될 수 있는 가능성이 존재하기 때문이다.

[평가]

여러 정보 중 일자리 문제가 가장 심각하다.

[의문]

인공지능이 미래의 재앙이 아니라는 근거를 스스로 고려해 본다. 인공지능은 발전하지 않고 멈출 것인가를 고려해 본다.

[문맥화]

인공지능에 대한 관점은 일자리라는 경제적 국면, 인간 소외라는 사회적 국면, 전쟁에서 인류를 위협한다는 정치적 측면 등에 대해 다양하게 접근한다.

[반성]

공학도들이 인간에게 위해 없이 개발할 경우, 인류에게 더 많은 혜택이 있을 것인데 발전을 포기할 것인가라는 반론을 고찰해 봄으로써 주장을 검증해 본다.

※ 반대

[관찰]

1. 산업적 가치:

많은 공학자와 미래학자들은 인공지능의 잠재적인 산업적 가치를 인정하고, 각국은 국가적인 차원에서 인공지능의 개발을 중시하며 아낌없는 투자를 진행하고 있다.

2. 삶의 질 향상:

인공지능은 인간이 기피하는 3D 업종과 생산 분야에서 지치지 않는 무한한 노동력을 제공하기 때문에 인류는 고된 육체노동으로부터 벗어날 수 있다. 또한 무인자동차, 음성인식 컴퓨터, 스마트 홈 등 실생활에서 활용되는 인공지능 기기는 인류가 더욱 자유롭고 편리한 생활을 영위하는 데 도움을 줄 수 있다.

3. 인간의 한계 극복

인간의 지능으로 할 수 없는 일을 해내는 등 인간의 한계를 뛰어넘을 수 있다. 탐사 로봇 '큐리오시티'가 화성 표면에 액체 상태의 물이 존재하는 것을 발견하는 등 인간의 힘으로 해낼 수 없는 일들을 하였다. 미국 펜실베이니아대 연구팀의 인공지능(AI)을 갖춘 곤충 로봇인 피코버그는 장애물이 나타나면 스스로 피해 가기도 하며 인간이 접근할 수 없는 공간에 초소형 카메라를 배치하여 원자로 시설처럼 위험 지역이나 좁은 밀폐 공간에 갇힌 생존자 탐색에도 쓰일 수 있다. 인공지능은 대량의 정보를 빠르게 처리하고 가공할 수 있다. 이로 인해 인공지능은 우리 인간에게 훨씬 많은 정보를 제공할 수 있다. 즉, 인공지능을 활용한다면 인류에게 닥쳐올 피해를 줄이는 것뿐만 아니라 막대한 도움도 줄 수 있다.

4. 인간보다 정확하며 효율적 일처리

인공지능은 오류가 나지 않는 한 입력된 프로그램에 따라 정확하게 움직인다. 인간과 다르게 인공지능은 어떠한 결정을 내릴 때 감정에 치우치지 않고 정확한 사실에 근거하여 판단을 내린다. 기계이기 때문에 잠을 잘 필요도 없고 병에 걸리지도 않는다. 인공지능이 인간보다 더 많이 일할 수 있다. 이러한 사실은 일 처리에서의 효율성과 직결된다.

5. 반박

일자리 감소 우려가 있다. 그러나 산업혁명을 시작할 당시에도 제기되었던 걱정과 비슷한 것으로 크게 문제 될 것이 아니다. 인공지능의 발달도 미래에 새로운 직업군(무인 자동차 산업, 무인 의료 기기 사업의 발전을 위한 기술연구 등)을 출현시킬 것이라는 높은 가능성을 보이고 있으며 오직 달라지는 것은 노동의 성격뿐이다. 겪어보지 못한 새로운 세계의 도래에 대한 막연한 두려움일 뿐이다.

[분석]

인공지능은 우리 사회와 자주 밀접한 관계를 보이고 있기 때문에 인공지능 자체를 부정한다는 것은 있을 수 없다. 현재까지 진행해 온 대로 계속해 나간다면 우리의 삶은 상상할 수 없을 정도로 편리해질 것이다.

[평가]

여러 문제 중 인간의 영역을 확장시키는 도구임이 분명하다.

[의문]

현재 인공지능을 개발하는 과정에서 발생할 수 있는 부작용들을 해결하기 위해 일본 정부는 AI 개발자가 지켜야할 국제적인 규칙을 사전에 정하고 이를 통해 안전 확보를 전제로 한 인공지능의 개발을 진행할 것이라는 입장을 공표하였다.

[문맥화]

인공지능은 경제적으로 일자리 부족을 변화시킬 것이고, 문화적으로 삶의 질을 향상시킬 것이다. 역사적으로 인류를 더 편리하고 발전한 환경에 놓이게 하여 인간 역사를 새로 쓸 수 있게 할 것이다.

[반성]

공학도들이 강인공지능을 개발하게 되면 인류에게 위험한 재앙이 될 것이라는 반론에 대해 반성적으로 고찰해 본다.

따이어(Thyer, E.)는 비판적 사고 단계를 통해 학생들을 평가하는 항목까지 제시하고 있다. 아래 표는 따이어 비판적 사고 과정을 따라 인공지능에 대한 찬반토론을 한 후 그녀의 평가표에 적용한 것이다.

<표 5.3> 비판적 사고 과정에서의 평가기준의 적용(Thyer, E. 평가표의 적용)[18]

비판적 사고 단계	평가	찬성	반대
관찰	적당한 수의 자료를 수집했는가? …다양한 출처로부터 자료를 수집했는가? 그렇지 않았다면, 이유에 대해 이야기를 했는가?	다양성-일자리 문제에 치우쳐져 있다. 이유나 근거는 충분하다.	다양성-산업적 측면과 삶의 질 등 다양하다.
분석	…모든 주요 주제를 파악했는가?	모든 주요 주제를 파악했다고 보기 어렵다. 일자리문제에 치우쳐 있다.	인공지능 발전을 거부할 수 없음을 강조하며 주요 주제 정리를 잘했다.
평가	…증거에 근거한 주장에 비해 의견을 바탕으로 한 주장을 파악했는가? …중점적인 주장을 분류했는가?	일자리 문제로 평가를 고정시킨 점이 아쉽다.	중점적인 주장을 잘 파악하고 있다.
의문	…언술에서 대응하지 않은 질문들을 제시했는가?	인공지능이 발전을 멈출 가능성에 대해 고려하였다.	인공지능 부작용 개선의 모색을 탐구하였다.

비판적 사고 단계	평가	찬성	반대
문맥화	…특정 문맥을 고려하여 분석과 평가를 진행했는가?	특정 문맥을 고려하지는 못한 것으로 평가된다.	다양하고 특정한 문맥을 고려하였다.
반성	…제시한 의문을 시험했는가? (이 단계는 경우에 따라, 특히 초급 경우에 제외될 수 있다)	인공지능 개발이 주는 혜택에 대해 고려하면서 혜택과 피해 중 어느 것이 클 것인가를 고려하지 못한다.	인공지능 개발의 위험성에 대한 고찰을 함으로써 반성적 고찰을 하였다.

따이어가 제시한 평가방식은 수업과 함께 진행될 때 유익한 것으로 보인다. 찬성 주장의 경우와 반대 주장의 경우를 위의 표에 적용한 결과 반대 측의 논의가 좀더 다양하며, 찬성 측은 일자리 문제에 치우쳐 있는 것으로 평가할 수 있다.19)

미주

* 이 장(章)은 "황영미(2018), 공학도를 위한 비판적 사고 교육 연구-영화 활용 교육을 중심으로, **공학교육연구**, 21(4): 3-9."와 "황영미(2020), 공학도를 위한 '비판적 사고와 토론' 수업 모델 연구-영화 <엑스 마키나>를 활용하여, **공학교육연구**, 23(3): 41-48"을 수정·보완한 것이다.

1) W. Oxman et al.(1992), *Critical Thinking: Implications for Teaching and Teachers.* *Montclair State College*, The Institute for Critical Thinking. 11.

2) J. Dewey(1993), *The Later Works of John Dewey: Essays and How We Think.* Southern Illinois University Press 8: 330.

3) C. Bluestone(2000), Feature Films as a Teaching Tool. *College Teaching*, 48(4):

141-146.

4) C. Z. Ennis(1993), Integrating separate and connected knowing: The experiential learning model. *Teaching of Psychology*, 20: 7-13.

5) P. Remender(1992), Using Feature Films To Encourage Critical Thinking, *Southern Social Studies Journal*, 17(2): 33-44.

6) George Leonard, Education and Ecstasy: With, "The Great School Reform Hoax", p.18.

7) J. Chaffee(1994), *Thinking critically*. 4th ed. Boston, Mass.: Houghton Mifflin.

8) C. Bluestone(2000), 앞의 논문.

9) V. Gregg et al.(1995), *Using feature films to promote active learning in the college classroom*. U.S. Department of Education, Office of Educational Research and Improvement.

10) N. Perry et al.(1996), An active-learning approach to teaching the undergraduate psychology and law course. Teaching of Psychology 23: 76-81.

11) M. A. Lundeberg and S D. Moch(1995), Influence of social interaction on cognition. Journal of Higher Education 66(3): 312-335.

12) D. Anderson(1992), Using feature films as tools for analysis in a psychology and law course. Teaching of Psychology, 19: 155-158.

13) A. Macy & N. Terry(2008), Using movies as a vehicle for critical thinking in economics and business. Journal of Economics and Economic Education Research, 9(1): 31-51.

14) 위의 논문.

15) 위의 논문, 45.

16) 황영미(2018), 공학도를 위한 비판적 사고 교육 연구-영화 활용 교육을 중심으로, 공학교육연구, 21(4): 3-9.

17) Thyer, E.(2015), Development of the Critial Thinking Teaching Resource. (http://teachassist.deakin.edu.au/wp-content/uploads/2015/06/GLO4-critical-thinking.pdf.)

18) 위의 논문.

19) 황영미(2020), 공학도를 위한 '비판적 사고와 토론' 수업 모델 연구-영화 <엑스 마키나>를 활용하여, 공학교육연구, 23(3): 41-48.

■■■ 제2부

공학도를 위한 비판적 사고 교육 실제 편

제 6 장
비판적 사고의 공학적 활용 방안

1. 비판적 사고와 한국공학교육인증원의 프로그램 학습 성과

공학에서 비판적 사고 교육의 중요성은 미국공학교육인증원(ABET)이 제시한 공학교육인증기준의 프로그램 학습 성과[1]에 잘 반영되어 있으며, 이러한 프로그램 학습 성과는 공학교육인증 국제협의체인 워싱턴 어코드(Washington Accord)[2]를 통해 공학 교육의 전 세계적 표준으로 자리 잡았다. 현재 한국공학교육인증원(ABEEK)은 미국 ABET의 프로그램 학습 성과에 근거하여 2005년에 제정했던 프로그램 학습 성과를 2015년에 개정하였다. 공학교육인증을 위한 인증기준은 '공학교육인증기준(KEC2015)', '컴퓨터·정보(공)학교육인증기준(KAC2015)', '공학기술교육인증기준(KTC2015)'으로 세분화하여 프로그램 학습 성과를 각각 10개의 항목으로 재정비하였지만, 그 내용은 종전의 프로그램 학습 성과와 크게 다르지 않다.

여기에서는 비판적 사고와 한국공학교육인증원의 프로그램 학습 성과와의 연관성을 '공학교육인증기준(KEC2015)'[3]을 통해 살펴보도록 하자:

1) 수학, 기초과학, 공학의 지식과 정보기술을 공학 문제 해결에 응용할 수 있는 능력.
2) 데이터를 분석하고 주어진 사실이나 가설을 실험을 통하여 확인할 수 있는 능력.
3) 공학 문제를 정의하고 공식화할 수 있는 능력.
4) 공학 문제를 해결하기 위해 최신 정보, 연구 결과, 적절한 도구를 활용할 수 있는 능력.
5) 현실적 제한 조건을 고려하여 시스템, 요소, 공정 등을 설계할 수 있는 능력.
6) 공학 문제를 해결하는 프로젝트 팀의 구성원으로서 팀 성과에 기여할 수 있는 능력.
7) 다양한 환경에서 효과적으로 의사소통할 수 있는 능력.
8) 공학적 해결 방안이 보건, 안전, 경제, 환경, 지속가능성 등에 미치는 영향을 이해할 수 있는 능력.
9) 공학인으로서의 직업윤리와 사회적 책임을 이해할 수 있는 능력.
10) 기술 환경 변화에 따른 자기 계발의 필요성을 인

식하고 지속적이고 자기주도적으로 학습할 수 있
는 능력.

　위의 항목들 대부분은 비판적 사고와 직간접적으로 연관
되어 있다. 이 가운데 항목 3), 4), 6), 7), 8), 9)는 비판적
사고와 직접적 관련을 맺고 있다. 앞서 비판적 사고 운동
이 창의적 문제 해결, 합리적 의사 결정, 효과적 의사소통
등의 영역에 걸쳐 있다는 것을 살펴보았다. 우선, 항목 3)
공학 문제를 정의하고 공식화할 수 있는 능력과, 항목 4)
공학 문제를 해결하기 위해 최신 정보, 연구 결과, 적절한
도구를 활용할 수 있는 능력은 창의적 문제 해결 과정의
핵심을 이룬다. 또한 항목 9) 공학인으로서의 직업윤리와
사회적 책임을 이해할 수 있는 능력과, 항목 8) 공학적 해
결 방안이 보건, 안전, 경제, 환경, 지속가능성 등에 미치는
영향을 이해할 수 있는 능력은 합리적 의사 결정 능력과 연
관된다. 그리고 항목 7) 다양한 환경에서 효과적으로 의사
소통할 수 있는 능력은 효과적 의사소통의 핵심을 이루며,
이는 항목 6) 공학 문제를 해결하는 프로젝트 팀의 구성원
으로서 팀 성과에 기여할 수 있는 능력에 크게 기여한다.
　그 밖에도 항목 2) 데이터를 분석하고 주어진 사실이나
가설을 실험을 통하여 확인할 수 있는 능력은 과학 이론을
구성하고 설명하는 비판적 사고 교육의 일부이며, 항목 10)

기술 환경 변화에 따른 자기 계발의 필요성을 인식하고 지속적이고 자기주도적으로 학습할 수 있는 능력 역시 비판적 사고가 탐구의 도구로서 사고력을 향상시키기 위한 교육적 방안이라는 점에서 결코 무관하지 않다. 물론, 항목 1) 수학, 기초과학, 공학의 지식과 정보기술을 공학 문제 해결에 응용할 수 있는 능력과, 항목 5) 현실적 제한 조건을 고려하여 시스템, 요소, 공정 등을 설계할 수 있는 능력처럼 전공 수학 능력이나 전공 교육과 직접 관련된 항목들은 비판적 사고 교육과 어느 정도 거리감이 있지만, 이 역시 비판적 사고의 토대 위에서 수행된다면 보다 효과적일 수 있다는 점에서 비판적 사고와 전혀 무관한 것만은 아닐 것이다.

2. 비판적 사고와 공학 설계 교육: 창의적 문제 해결

미시간 공대의 기계공학 교수인 Edward 럼스데인, 그의 부인 Monika 럼스데인, 그리고 노스캐롤라이나 대학교 윌리엄스 리 공과대학의 공학기술 교수인 James W. 쉘넛이 제안한 상품 개발 과정은 공학 설계 과목에서 널리 활용되고 있는 창의적 문제 해결 방법들 중 하나이다.[4] 이 방법은 1) 문제 정의, 2) 아이디어 창출, 3) 아이디어 평가, 4) 아이디어 판정, 그리고 5) 실행의 5단계 절차로 구성되어 있다.
이를 비판적 사고의 요소와 기준을 통해 이해해 보자.

1) 문제 정의: 품질 기능 전개, 품질의 집

① 설계 프로젝트를 수행할 팀을 정하라.
② 문제 주제를 선택하고, 그 문제 주제에 초점을 맞추어라.
③ 정보와 소비자 데이터를 수집하라.
④ 정보를 분석하라. 파레토 도를 만들어라. 브리핑을 준비하라.
⑤ 문제 정의문을 개발하라.

⇒ 비판적 사고: 풀어야 할 문제에 대한 정의

① 설계의 최종 목적(혹은 필요)을 알아내고 세부적 정식화를 시도하라.
② 세부적으로 정식화된 목적(혹은 필요)을 평가하라.
③ 목적을 달성하고 필요를 만족시키는 데 장애가 되는 문제들을 인식하라.
④ 문제들을 하나씩 고려하여 가능한 분명하고 명료하게 문제를 진술하라.

2) 아이디어 창출: 개념 설계

① 브레인스토밍을 통해 문제 해결을 위한 아이디어를 많이 창출하라.

② 사고 유발 차트를 이용하라.

⇒ 비판적 사고: 문제 해결을 위한 선택지 탐색

① 문제를 조사하고 검토하라. 문제를 해결하기 위해 무슨 일들을 해야 하는지 생각하라.

② 문제 해결에 필요한 개념을 분명하고 명료하게 정의하라.

③ 문제 해결에 필요한 정보를 알아내고, 그 정보를 적극적으로 찾아라.

④ 모은 정보를 해석하고, 분석하고, 평가하라.

3) 아이디어 평가: 최적화 설계, 공정 계획 수립

① 실행 가능성이 높은 해결 방안을 만들기 위해 아이디어를 분류, 선별, 체계화, 구축, 전개, 통합, 조정 및 종합하라.

② 창의적 아이디어 평가의 과정을 수행하라.

⇒ 비판적 사고: 문제 해결을 위한 선택지 구성

① 해석, 분석, 평가된 정보로부터 문제 해결 방안들을 구성하라.

② 합당한 추론에 따라 문제 해결 방안들을 구성하고, 이때 빠뜨린 숨은 전제가 없는지 확인하라.

③ 문제 해결 방안들을 구성하는 과정에서 각각의 해결 방안이 갖는 관점과 함축을 충분히 고려하라.

4) 아이디어 판정: 최상의 설계

① 어떤 아이디어가 최상인지 결정하기 위해서는 분석적이고 비판적인 마음가짐과 긍정적이고 창의적인 사고가 함께 필요하다.

② 앞을 내다보며 그 해결 방안의 영향을 고려하고, 가치관과 편견을 평가한다. 그리고 좋은 판단력을 발전시키기 위해서는 경험과 실패가 필요하다.

③ 상품 설계와 개발에 있어 전체 그림을 볼 필요가 있고, 경쟁력을 갖기 위해서도 통합적 접근이 필요하다.

④ 창의적 설계 개념 평가를 위해 2단계 6과정으로 구성된 퓨(Pugh) 평가 절차를 거치면 효율적이다.

⇒ 비판적 사고: 문제 해결을 위한 선택지 결정

① 문제 해결 방안의 장점과 단점을 고려하면서 최선의 것을 선택하라.

② 문제 해결 방안과 이에 대한 접근 전략을 구체적 상황(맥락) 속에서 평가하라.

③ 선택한 문제 해결 방안이 갖는 결과를 다각적이고 포괄적으로 깊이 있게 모니터하라. 즉 관점을 바꿔 생각해 보거나 지평을 확대하라. 그리고 함축을 다시 한번 고려해 보라.

5) 해결 방안 실행: 상세 설계도, 시작품 제작, 공정 설계

① 판매 전략: 시판을 위한 제품일 경우 고객들에게 꼭 맞는 장점 목록을 만들어라. 효과적 판매 기술을 적용하라. 반대(파악된 비판과 변화의 두려움)의 이유를 극복하고 지지를 얻도록 작업하라. 자신에게 동기를 부여하라(자기 아이디어의 옹호자가 되어라).

② 작업 계획: 이것을 통해 누가, 무엇을, 언제, 그리고 왜 하는지를 분명히 할 수 있고, 위험 분석도 가능하다. 예산 세우기와 스케줄 짜기는 중요한 항목이다. 시간/과업 분석표를 이용하여 중복 활동들을 시각화

하라.

③ 실행 모니터링과 최종 평가: 해결이 옳게 수행되는지 검토하려면, 실행 후 2주 내에 첫 번째 검토를 하고, 6-12개월 후에 다시 검토(follow-up)하도록 계획하라. 또한, 창의적 문제 해결로 얻은 결과와 경험들에 대해서 간단한 요약문을 작성하라. 무엇을 배웠는가? 팀에 결과를 보고하라.

⇒ 비판적 사고: 실행과 반성(평가 및 조정)

① 문제 해결 방안과 실행 전략에 따라 철저히 실행하라.
② 실행 결과의 함축을 평가하면서, 최종 목적을 다시 한번 고려하라.
③ 보다 많은 정보가 확보됨에 따라 문제 해결 방안과 실행 전략을 상황에 맞추어 수정하라.

3. 비판적 사고와 공학 윤리 교육: 합리적 의사 결정

공학 윤리(Engineering Ethics)는 공학자들이 자신의 전문 직업적 판단에서 발생하는 윤리적 쟁점, 결정, 가치 등을 연구하는 분야이다. 공학 윤리는 공학 관련 전문직에 적용되는 직업윤리라는 점에서 일반 윤리와는 다소 차이가 있다. 공학 윤리는 특히 공학자들의 전문 직업적 판단에 따른 가능한 위험과 재난을 예방하려는 구체적 목적을 가지며 공학자들이 유사한 상황에서 유사한 판단이 초래할 심각한 위험과 재난을 미리 예방하도록 이끄는 안내자 역할을 수행한다. 따라서 공학 윤리 교육에서 공학도들은 공학 윤리의 필요성을 인식하고, 공학 윤리적 판단과 의사 결정을 위한 기본 틀을 형성하며, 공공에 대한 책임감, 지적 정직성, 숙련된 전문적 능력, 고용주에 대한 충성심, 이해충돌 간의 해결, 조직 내에서의 의사소통 등 공학 윤리의 주요 문제들을 구체적 사례를 중심으로 개괄하고 토의해 보아야 한다. 이처럼 공학 윤리는 공학도들이 장차 공학자로서 마주하게 될 문제 상황에 대한 윤리적 판단과 의사 결정의 기반을 형성할 수 있는 기본 지식과 사고 훈련을 제공하는 것을 그 목적으로 삼는다.

공학자들의 공학적 실천 과정에서 야기되는 윤리적 문제들에 대한 해답은 쉽게 도출되지 않는다. 왜냐하면 공학자는 고객, 기업 내부, 경쟁 기업 또는 정부에 의해 자신의 전문 직업적인 견해와 배치되는 상황에 직면할 수 있는데, 이때 발생하는 윤리적 문제들은 대체로 명확하게 정의하기도 어렵고 관련 당사자들 간의 합의에 도달하기도 어렵기 때문이다. 따라서 공학자가 자신의 전문 직업적인 견해에 따라 올바른 윤리적 판단에 이르기 위해서는 윤리(학)에 관한 학습과 훈련이 요구된다. 그러나 윤리적 문제의 성격, 윤리적 원리들, 윤리적 판단의 결과가 무엇인지 파악할 수 있어도 실제 현장에서 이를 적용하는 것에는 또 다른 어려움이 발생한다. 이런 점에서 공학자가 구체적 맥락과 상황 속에서 올바른 윤리적 판단을 내리기 위해서는 공학 윤리적 쟁점에 관해 합리적 의사 결정을 내릴 수 있는 비판적 사고 능력이 반드시 필요하다.

공학 윤리에서 요구되는 비판적 사고의 역량에는 다음과 같은 것들이 있다:

① 공학적 실천의 구체적 맥락과 상황 속에서 윤리적 문제와 쟁점을 파악하는 능력.
② 공학 윤리적 쟁점에서 대립하는 추리 혹은 논증들을 분석하고 그 전제들을 평가하는 능력.
③ 공학 윤리적 쟁점과 관련한 중요 정보를 체계적으로 분류하고 정확하게 이해하는 능력.
④ 공학 윤리적 쟁점을 야기하는 주요 개념을 명료화하고 이를 사실에 적절하게 적용하는 능력.
⑤ 공학 윤리적 쟁점과 관련한 당사자들의 다양한 관점을 확인하고 이를 평가하는 능력.
⑥ 공학 윤리적 쟁점과 관련한 대안들의 장단점을 비교

분석하고 예상된 결과가 갖는 함축을 고려하는 능력.

⑦ 공학 윤리적 쟁점과 관련한 자신의 도덕적 판단을 공
공선이라는 궁극적 목적에 비추어 다른 사람들에게
설득하는 능력.

⑧ 공학 윤리적 쟁점에서 도덕적 불일치를 해결하기 위
한 실질적 해결 방안을 합리적 절차에 따라 도출하는
능력.

공학 윤리 교육은 비판적 사고 교육의 토대 위에서 수행
되어야 한다. 널리 알려진 공학 윤리 교재의 저자들인 C.
E. 해리스, M. S. 프리차드, M. J. 라빈스 등은 공학 윤리
적 문제 상황에서 합리적 의사 결정에 이르는 절차적 방법
을 다음과 같이 단계화하고 있다.5) 이를 비판적 사고의 요
소와 기준을 통해 이해해 보도록 하자.

(1) 일반 도덕, 개인 윤리, 전문직 윤리 헌장에 의해 형성
된 윤리적 민감성을 통해 공학 윤리적 쟁점을 인식
하라.

⇒ 비판적 사고: 구체적 맥락(상황) 속에서 문제들을 분
명하고 명료하게 정식화하라.

(2) 사실적 불일치를 해결하기 위해 관련된 사실들을 식별하라; 알려진 사실과 알려지지 않은 사실을 파악하라; 사실의 중요성을 평가하라.

⇒ 비판적 사고: 의사 결정에 필요한 정보를 알아내고, 그 정보를 적극적으로 찾아내라. 그리고 자신이 모은 정보의 정확성을 해석하고, 분석하고, 평가하라.

(3) 개념적 불일치를 해결하기 위해 관련된 개념들을 명확하게 정의하라.

⇒ 비판적 사고: 의사 결정에 필요한 주요 개념을 분석하고 이를 분명하고 명료하게 정의하라.

(4) 적용의 불일치를 해결하기 위해 선긋기(line-drawing) 기법을 활용하라. 이를 위해 긍정적 범례와 부정적 범례를 선정하고 가능한 모든 경우들에 대해 중요성을 평가하라.

⇒ 비판적 사고: 합리적 의사 결정의 장애물을 제거하기 위해 명확한 개념을 정확한 정보에 적절하게 적용하라.

(5) 도덕적 불일치를 해결하기 위해 공리주의적 접근법을 통해 전체선을 극대화하라; 인간 존중의 접근법을 통해 개별 인간의 기본적 권리를 보장하라; 환경

윤리를 고려하라.

⇒ 비판적 사고: 해석, 분석, 평가된 윤리적 논증으로부터 합당한 추론들을 이끌어내라. 이때 숨은 전제가 없는지 확인하라; 대립하는 논증들이 갖는 윤리적 관점과 예상되는 결과의 함축을 비교하라.

(6) 윤리적 쟁점에 대한 쉬운 선택, 창조적 중도(creative middleway), 어려운 선택을 결정하고 실행하라.

⇒ 비판적 사고: 선택지의 장점과 단점을 고려하면서 자신이 처한 맥락(상황) 속에서 결정하라; 지평을 확대하여 관점을 바꿔 생각해 보거나 함축을 다시 한번 고려해 보라; 선택한 입장을 궁극적 목적에 비추어 지속적으로 모니터하라.

4. 비판적 사고와 공학 커뮤니케이션 교육: 효과적 의사소통

오늘날 과학기술적 활동은 인접 학문 간의 긴밀한 융·복합화를 통해, 그리고 사회의 각 분야와 원활한 교류를 통해 이루어질 수밖에 없기 때문에 공학자에게 효과적 의사소통 능력은 자신의 직무 수행 및 연구 수행 능력을 향상시키기 위해 필수 불가결한 것이다. 그래서 공학 교육에서 커뮤니케이션 교육은 과거 어느 때보다 더 많은 주목을 받는 분야이기도 하다. 효과적 의사소통 능력은 다양한 종류의 자료, 정보, 지식, 아이디어, 의견 등을 독자와 청중에게 적절하고 이해하기 쉽게 전달할 수 있는 능력과 전달된 내용을 반성적으로 평가할 수 있는 능력을 포괄한다. 그렇다면 효과적 의사소통 능력을 위해서는 어떤 역량이 필요한 것일까? 그것은 다름 아닌 비판적 사고의 기량, 즉 비판적 사고의 요소와 기준이다.

효과적이고 성공적인 의사소통을 수행하기 위해 고려해야 할 비판적 사고의 요소와 기준은 다음과 같다. 의사소통의 목적이 무엇인지, 현안 문제(논제)가 무엇인지, 결론(주장)이 무엇인지, 전제(근거)가 무엇이고 숨은 전제는 없는지, 핵심 개념이 무엇인지, 사용되고 있는 경험적 정보가 무엇인지, 명시적으로 드러나 있지는 않지만 암묵적으로 말하고자 하는 함축(귀결)이 무엇인지, 논의의 관점이 무엇인지, 논의의 맥락이 무엇인지 등 비판적 사고의 요소를 의식적으로 고려하면서 의사소통을 한다면, 효과적인 의사소통이 가능할 것이다; 아울러 그러한 의사소통의 내용이 분명하고 정확하고 명료한지, 적절하고 중요하고 논리적인지, 심층적이고 다각적이고 공정한지 등 비판적 사고의 기준을 반성적으로 음미하면서 의사소통을 한다면, 성공적인 의사소통의 가능성은 더욱 높아질 것이다.

그렇다면 의사소통 일반에 관한 논의를 넘어서 공학 커뮤니케이션, 그 가운데서 특히 공학적 읽기 및 글쓰기에 관해 한번 살펴보자. 공학적 읽기는 다루고 있는 텍스트가 공학적 내용을 담고 있다는 점 이외에 일반적 읽기와 큰 차이가 없다고 하겠다.[6] 따라서 공학적 읽기에서는 공학적 텍스트를 분석하고 평가하는 비판적 사고에 입각한 읽기가 필요하다고 말하는 것으로 충분하다. 앞서 살펴보았듯이, 비판적 사고에 입각한 읽기란 텍스트 속에 담겨 있는 비판적 사고의 요소들이 비판적 사고의 기준들에 맞추어 얼마나 잘 정돈되어 있는지 반성적으로 사고하면서 읽는 것을 말한다. 즉 비판적 독자는 텍스트의 내용을 당연한 것으로 여기거나 액면 그대로 받아들이지 않고 다음과 같은 유의미한 질문들을 던지면서 텍스트를 읽어 나가야 한다.

"필자의 현안 문제는 무엇인가?", "필자의 주장은 무엇인가?", "필자가 그런 주장을 하는 목적은 무엇인가?", "필자는 어떤 근거에서 그런 주장을 하는가?", "필자의 논의에서 핵심 개념은 무엇인가?", "필자가 자신의 주장을 옹호하기 위해 사용하는 경험적 정보는 무엇인가?", "필자는 무슨 관점을 취하고 있는가?", "필자는 어떤 맥락에서 그런 주장을 하는가?", "필자의 주장이 갖는 함축은 무엇인가?" 등을 물으면서 읽어 나가는 것이다. 더불어 "필자는 글 속에서 자신의 입장을 얼마나 논리적이고 일관되게 옹호했는가?", "필자는 다른 관점을 규정하는 데 있어서 얼마나 유연하고 공정했는가?", "글 속에 나타난 필자의 목적은 얼마나 적절하고 중요한 것인가?", "필자는 현안 문제를 얼마나 명료하고 깊이 있게 따지고 파고들어 알려고 했는가?" 등을 반성적으로 평가하면서 읽는 것을 말한다.

공학적 글쓰기는 공학적 읽기보다 이공계 전공의 연계성이 훨씬 더 많이 요구되는 의사소통 활동이다. 왜냐하면 공학적 글쓰기는 이공계 고유의 본문 구성 방식을 통해, 또한 일반적 읽기 및 글쓰기에서는 잘 사용하지 않는 수식이나 도표를 통해 텍스트의 내용을 독자에게 전달하기 때문이다. 통상 글쓰기는 그 성격에 따라 3가지로 분류할 수 있다. 문학작품 유형의 글쓰기인 창작적 글쓰기(creative writing), 설명문 유형의 글쓰기인 해설적 글쓰기(expository writing), 논설문 유형의 글쓰기인 비판적 글쓰기(critical writing)가 그것들이다.[7] 이 가운데 공학적 글쓰기는 해설적 글쓰기나 비판적 글쓰기 또는 이 두 유형의 글쓰기가 혼합된 형태를 띤다. 따라서 관찰 및 실험과 관련된 공학적 글쓰기에서는 실험 장치와 방법을 기술하는 '재료와 방법' 항목과 실험 자료를 분류하고 비교 및 대조하는 '결과' 항목에서는 해설적 글쓰기가, 그리고 실험 결과를 논의하는 '고찰' 항목에서는 비판적 글쓰기가 주도적으로 드러난다.

다음은 실험 보고서 또는 이공계 논문을 작성하는 방식인 IMRAD 양식을 비판적 사고의 관점 중 가추 추리의 측면에서 정리한 표이다.

<표 6.1> 가설 연역법, 실험 보고서 또는 보론 계열 논문, IMRAD 간의 내용적 상관성8)

가설 연역법	실험 보고서/보론 계열 논문	IMRAD
① 문제 발생의 배경과 문제 설정 ② 문제 해결을 위한 가설의 제안	① 실험 목적과 필요성 ② 실험 내용과 범위 ③ 실험 이론	① 도입
③ 가설로부터 연역된 예측값	(③ 실험 이론) ④ 실험 장치 및 방법	② 재료와 방법
④ 관찰 및 실험을 통한 실측값 ⑤ 예측값과 실측값의 일치 혹은 불일치 여부	⑤ 실험 결과	③ 결과
(⑤ 예측값과 실측값의 일치 혹은 불일치 여부) ⑥ 가설과 관찰 및 실험에 대한 평가: 검증/미결정/반증/오류 ⑦ 평가 이후의 과제	⑥ 고찰	④ 토의

5. 비판적 사고의 공학 교육에의 접근 방안

지금까지 비판적 사고를 공학 교육에서 활용할 수 있는

여러 방안을 모색해 보았다. 이를 위해 비판적 사고와 한국 공학교육인증원의 프로그램 학습 성과 간의 연관성 속에서 비판적 사고가 공학 교육에서 활용될 수 있는 주요 영역인 공학 설계 교육, 공학 윤리 교육, 그리고 공학 커뮤니케이션 교육을 검토해 보았다. 그 결과 비판적 사고의 기량, 특히 비판적 사고의 요소와 기준이 공학 설계 교육에서는 창의적 문제 해결 과정에, 공학 윤리 교육에서는 합리적 의사결정 과정에, 공학 커뮤니케이션 교육에서는 효과적 의사소통에 기여할 가능성이 높다는 것을 확인하였다.

　통상 비판적 사고를 교육하는 방법은 크게 두 가지로 구분된다. 하나는 특정 교과 영역, 예컨대 공학과 연계시키지 않고 비판적 사고를 가르치는 '독립 접근 방식(stand-alone approach)'이고, 다른 하나는 특정 교과 영역, 즉 공학과 접목하여 비판적 사고를 가르치는 '접목 접근 방식(infusion approach)'이다.9) 독립 접근 방식은 영역 구체성을 중시하지 않기 때문에 특정 교과의 지식 내용을 필요로 하지 않고 학생들의 현재 수준에 적합한 일반 지식을 기반으로 한다. 따라서 '일반 지식 접근 방식'이라고도 부른다. 반면에 접목 접근 방식은 비판적 사고의 영역 구체성을 중시하여 특정 교과 영역의 구체적 지식 내용을 필요로 하므로 '영역 구체적 접근 방식(domain-specific approach)'이라고도 부른다.

어떤 접근 방식이 교육 효과가 더 높은가에 대해서는 학자들 사이에 의견이 갈려 있는 상황이다. '독립 접근 방식'을 채택할 경우 비판적 사고 교육 자체는 용이하게 이루어질 수 있으나 상황 적응적 인지 능력을 염두에 둔 비판적 사고 교육이 이루어지지 않는다면, 공학과 같은 특정 영역에서는 비판적 사고의 기량이 활용되지 못할 위험성이 있다.10) 반면에 '접목 접근 방식'을 택할 경우 전공 연계적인 비판적 사고 교육을 구체적으로 수행할 수 있지만 공학 전문 지식의 특성에 너무 의존한 나머지 비판적 사고가 지향하는 영역 전이성을 상실한 채 과거에 해 왔던 지식 습득 중심의 공학 교육으로 함몰될 위험성이 있다.11)

어느 경우에나 비판적 사고가 요구하는, 새로운 변화에 따라 발생하는 새로운 형태의 문제들에 적절히 대응할 수 있는 상황 적응적 인지 능력이나 창의성의 원천인 영역 전이적 통찰력이 제대로 함양되지 않을 가능성이 상존한다. 그러나 두 가지 방식 모두 장점이 있으며, 가장 효과적인 교육 방법은 이 두 가지 방식을 잘 조화시키는 것이라고 생각한다. 일례로 일반적 맥락 속에서 비판적 사고의 기량을 독립 접근 방식으로 익히고, 이 기량을 공학적 맥락 속에서 공학적 내용이나 문제 사례들을 통해 착실히 훈련하고 숙달하는 접목 접근 방식을 채택하여 비판적 사고의 성향을 함양할 수 있을 것이다. 결국, 공학 교육에서 비판적 사고를 활용하는 최선의 방법은 사명감을 가진 교수자가 비판적 사고 교육과 공학 교육을 어떤 방식으로 결합시켜야만 공학도들이 창의적 문제 해결, 합리적 의사 결정, 효과적 의사소통 능력을 함양시킬 수 있는지를 진지하게 고민하고 철저하게 연구하면서, 그러한 연구 성과를 적극적으로 활용하는 각자의 교육 현장에 그 해답이 놓여 있을 것이다.

미주

* 이 장(章)은 "박상태(2020), 공학교육에서의 비판적 사고의 활용 방안, **공학교육연구**, 23(6): 27-32"를 수정·보완한 것이다.

1) 미국공학교육인증원이 제시한 공학교육인증기준의 프로그램 학습 성과는 다음 11가지이다(성균관대학교 공학교육혁신센터 편(2005), 공학교육인증을 위한 교강사 워크숍, 성균관대학교 공학교육혁신센터):

① 수학, 과학, 공학 지식을 응용할 수 있는 능력.
② 자료를 해석하고 분석할 뿐 아니라, 실험을 계획하고 수행할 수 있는 능력.
③ 요구된 필요조건에 맞추어 시스템, 요소, 공정을 설계할 수 있는 능력.
④ 여러 학문에 걸친 팀을 이루어 역할을 수행할 수 있는 능력.
⑤ 공학 문제들을 인지하고, 이를 명세화하고 해결할 수 있는 능력.
⑥ 직업적, 윤리적인 책임에 대한 이해.
⑦ 효과적으로 의사를 소통할 수 있는 능력.
⑧ 세계적 및 사회적 맥락에서 공학적 해결 방안이 끼치는 영향을 이해하기 위해 필요한 폭넓은 교육.
⑨ 평생 학습에 대한 필요성의 인식과 평생 학습에 참여할 수 있는 능력.
⑩ 현대적 논제들(issues)에 대한 지식.
⑪ 공학 실무에 필요한 기법(techniques), 기량(skills), 현대적인 공학 도구를 사용할 수 있는 능력.

2) 1989년 미국, 영국, 호주, 캐나다, 뉴질랜드, 아일랜드 등 선진 6개국을 중심으로 공학

교육인증 국제협의체인 워싱턴 어코드(Washington Accord)가 결성되었다. 워싱턴 어 코드는 위의 6개 나라의 전문 공학교육프로그램의 인증을 담당하는 기관들끼리 교육 의 동일한 수준을 유지하기 위해 맺은 협약에서 시작하였다. 우리나라는 이 협약에 2005년에 가입하여 2007년 정회원국이 되었다(최상민(2009), 공학인증제와 글쓰기교 육, **한국언어문학**, 68: 166).

3) 한국공학교육인증원(2014), 공학교육인증기준2015(KEC2015), ABEEK-2014-ABE-010: 2.

4) Edward 럼스데인 · Monika 럼스데인 · James W. 쉘넛(2002), **창의적 문제해결과 공학 설계**, 명지대학교 창의공학 연구회 역, 파워북.

5) Charles E. 해리스 Jr. · Michael S. 프리차드 · Michael J. 라빈스(2013), **공학 윤리**, 김 유신 외 역, 북스힐: 3장.

6) 김영정(2004), 비판적 사고와 공학 교육 (3회), **공학 교육**, 11(3): 7.

7) 한상기(2007), 비판적 사고와 논술, **범한철학**, 46: 292.

8) 노상도 · 박상태 · 한영신 · 한기호(2018), **과학기술 글쓰기-이론과 실제-**, 성균관대학 교출판부: 123.

9) 김명숙(2002), 공교육에서의 비판적 사고 교육의 방향과 쟁점, **철학연구**, 58: 117-127.

10) J. E. McPeck(1990), Critical Thinking and Subject Specificity: A Reply to Ennis. *Educational Researcher*, 19(4): 10-12.

11) R. H. Ennis(1989), Critical Thinking and Subject Specificity: Clarification and needed Research. *Educational Researcher*, 18(3): 4-10.

제 7 장

비판적 사고를 활용한 공학 설계 교육 사례

앞선 논의들을 통해 비판적 사고의 문제 해결 과정과 요소 및 기준이 공학 설계 과정에서 효과적 설계 도구로서 접목될 수 있는 방안을 구상해 보았다. 이제 비판적 사고의 문제 해결 과정에 근거한 비판적 사고의 요소와 기준을 공학 기초 설계, 요소 설계, 그리고 종합 설계 교육에 각각 활용해 보도록 하자.

1. 기초 설계 사례[1)]

1) 주제: 계란 낙하 실험
2) 설계 구성 요소: ① <u>목표 및 기준 설정</u>, ② <u>합성</u>, ③

<u>분석</u>, ④ 제작, ⑤ 시험, ⑥ 평가

3) 제한 조건:

① 높은 건물에서 계란 낙하.

② 일상의 소재를 활용할 것.

4) 비판적 사고를 활용한 설계 교육:

---

(1) 풀어야 할 문제에 대한 정의

① **목적**: 계란을 높은 곳에서 낙하시켰을 때 깨뜨리지 않는 방법을 고안하기 위해.

② 기초 설계 교육을 위한 적절한 주제이다.

③ 계란 무게? 55g, 높이는? 10m, 일상적 소재? 생활용품 (5,000원 미만).

④ **문제**: 55g의 계란을 10m 높이에서 떨어뜨릴 때 5,000원 미만의 일상적 소재를 활용하여 계란을 깨뜨리지 않는 최선의 방법은 무엇인가?

(2) 문제 해결을 위한 선택지 탐색

① 기존 솔루션에 대한 조사: 낙하 속도를 지연시키거나 완충재로 감싸거나 보호 용기 제작 등을 통해 계란을 안전하게 낙하시킨다.

② **개념**: 자유 낙하와 공기 저항, 충격 완화, 기하학적 구조 등에 관한 중등교육 수준의 이해.

③ **정보**: 낙하 속도를 지연시킬 방법, 완충재로 적합한 생활 소재의 종류, 보호 용기 제작법 등에 관한 자료 및 정보 수집.

④ 수집된 정보를 해석하고, 분석하고, 평가한다.

(3) 문제 해결을 위한 선택지 구성

① 낙하산으로 낙하 속도를 지연한다; 종이나 풍선을 완충재로 사용한다; 나무젓가락 혹은 빨대를 이용하여 보호 용기를 만든다.

② **추론**: 낙하산의 크기와 모양은 ……; 완충재로 사용할 종이의 종류와 매수는 ……, 완충재로 사용할 풍선의 개수는 ……; 나무젓가락으로 만들 보호 용기의 구조와 형상은

......, 빨대로 만들 보호 용기의 구조와 형상은 …… // **숨은 전제**: 낙하산의 재질은 무엇으로 해야 하나? 등.

③ **관점과 함축**: 상기한 문제 해결 방안들은 낙하 속도를 변인 으로 삼는 물리적 관점, 소재를 변인으로 삼는 재료적 관 점, 보호 용기의 형태를 변인으로 삼는 구조적 관점에서 계란의 안전한 낙하를 시도하는 방법들로서, 특정 물체를 지상으로 안전하게 낙하시킬 수 있는 방법을 설계할 때 여러 가지 관점들을 복합적으로 활용할 수 있다.

(4) 문제 해결을 위한 선택지 결정

① 구체화된 낙하산 방법의 장단점은? ……; 종이나 풍선을 완 충재로 사용하는 구체적 방법의 장단점은? ……; 나무젓가 락 혹은 빨대로 보호 용기를 만드는 구체적 방법의 장단점 은? …… ⇒ 여러 개의 풍선으로 계란을 감싸는 방법이 낙 하 충격으로부터 계란을 보호할 뿐만 아니라 낙하 속도를 지연시킬 수 있다. 더욱이 막대 풍선을 이용하면 빨대로 만드는 것과 유사하게 보호 용기를 제작할 수도 있다.

② **상황(맥락)**: 제1공학관 3○○호의 창문으로부터 아스팔트 바닥으로 계란을 낙하시켜 끝까지 안전하게 보호하는 팀 이 우승하는 상황이다. 낙하 횟수가 정해지지 않았으므로 낙하 횟수의 증가를 고려할 때 계란을 보호할 수 있는 방 법의 지속성과 내구성을 고려해야 한다.

③ **관점과 함축**: 막대 풍선으로 보호 용기를 만드는 방법은 지 속성과 내구성을 고려할 때 가급적 단순한 구조로 제작할 필요가 있다. 또한 날계란을 사용하는 것보다 삶은 계란 을 사용하는 것이 보다 안전하게 계란을 보호할 수 있는 방법이 된다.

----

(5) 실행과 반성(평가 및 조정)

① 문제 해결 방안과 실행 전략에 따라 철저히 실행하라.
② 실행 결과의 **함축**을 평가하면서, 최종 **목적**을 다시 한번 고 려하라.
③ 보다 많은 **정보**가 확보됨에 따라 문제 해결 방안과 실행 전략을 **상황**에 맞추어 수정하라.

2. 요소 설계 사례[2)]

1) 주제: 목적지(학교, 회사, 집 등)에 도착하기 위해 대중교통(지하철, 버스 등)의 하차 위치로부터 남은 1~2km(last mile)를 어떤 이동 수단을 이용하는 것이 가장 좋은지에 대한 공학적 고찰을 요구하는 문제(Last Mile Problem).

2) 설계 구성 요소: ① 목표 및 기준 설정, ② 합성, ③ 분석, ④ 제작, ⑤ 시험, ⑥ 평가

3) 제한 조건:

① 목적지까지 최소한의 비용, 시간 및 노력으로 이동할 수 있어야 한다.

② 최소 10kg의 짐을 손쉽게 운반 가능해야 한다.

③ 승객의 안전이 보장되어야 한다.

④ 현실성이 고려되어야 한다.

4) 비판적 사고를 활용한 설계 교육:

---

(1) 풀어야 할 문제에 대한 정의

① **목적**: last mile을 10kg의 짐을 들고 효율적으로 이동이 가능한 수단을 고안하기 위해.

② 역학 및 디자인 프로세스를 활용하여 구체적인 해결 방안을 도출하는 요소 설계이다.

③ **문제**: 기존 해결 방안의 경우 상대적으로 짧은 거리(대중교통에서 목적지)는 도보 이외에 다른 방법이 없어 몸이

불편하거나 큰 짐을 가지고 경사로 등을 이동하기에는 불편한 점이 많다.

(2) 문제 해결을 위한 선택지 탐색

① 기존 해결 방안에 대한 조사: 도보, 마을버스, 택시, 자전거, 퍼스널 모빌리티 등.
② **개념:** 여기에서 이론과 관련한 개념의 의미와 적용은 크게 문제 될 것이 없다.
③ **정보:** 구체적인 last mile 구간 조사: 이동 구간의 거리, 도로 폭 및 인도 폭, 경사도 등; 주된 승객의 profile 조사: 연령대, 이동 목적, 이동 시간대 등.
④ 조사한 정보를 해석하고, 분석하고, 평가한다.

(3) 문제 해결을 위한 선택지 구성

① last mile 구간에 대한 정보를 분석하고, 평가 항목에 대한 중요도를 선정한다.
② **추론:** 중요도에 따라 selection metrics를 구성하여 기존 해결 방안의 평가 항목을 분석한다.
③ **관점과 함축:** 현존하는 해결 방안 외에 다양한 가능성들을 고려하면서 새로운 혹은 변형 가능한 형태의 해결 방안이 있는지를 모색한다(**숨은 전제:** "기존 해결 방안 외엔 대안이 없다"는 암묵적 전제에 빠져 있지 않은지 스스로 반드시 확인할 것).

(4) 문제 해결을 위한 선택지 결정

① last mile 이동 방법들이 갖는 비용, 편리성, 날씨의 영향, 건설비 등을 고려하여 장단점을 조사하라. 제시된 새로운 이동 방법의 평가 항목을 고려하면서 최선의 것을 선택하라.
② **상황(맥락):** 선택된 이동 방법에 대해 설계 한계 및 안전계수를 선택하고 그에 대한 구조역학적 해석, 메커니즘 설계, 기계요소 선택 및 설계, 가공법 선택 등 기초적인 공학적 분석을 시행한다. 또한 구체적 상황(맥락), 예를 들어, 홍익대 혹은 한양대의 last mile 구간에 적용하여 주요 승객의 이동을 평가한다.

③ **관점과 함축**: 선택한 이동 방법이 갖는 결과를 다각적이고 포괄적으로 깊이 있게 모니터하고, 관점을 바꿔 생각해 보거나 지평을 확대해 보라.

(5) 실행과 반성(평가 및 조정)

① 문제 해결 방안과 실행 전략에 따라 철저히 실행하라.
② 실행 결과의 **함축**을 평가하면서, 최종 **목적**을 다시 한번 고려하라.
③ 보다 많은 **정보**가 확보됨에 따라 문제 해결 방안과 실행 전략을 **상황**에 맞추어 수정하라.

3. 종합 설계 사례[3]

1) 주제: 고기능 소형 로켓 소방차 개발(2018년 제천 화재사고를 계기로 개최된 타이어뱅크의 공모전).

2) 설계 구성 요소: ① <u>목표 및 기준 설정</u>, ② <u>합성</u>, ③ <u>분석</u>, ④ <u>제작</u>, ⑤ <u>시험</u>, ⑥ <u>평가</u>

3) 제한 조건:

① 승용차가 다닐 수 있는 도로나 공간이면 모두 접근이 가능하여야 한다.

② 차가 이동하면서도 소방 작업이 가능하여야 한다.

③ 운전석은 1인용이고 소방복을 갖추지 않아도 300℃ 온도에서 20분 이상 견딜 수 있어야 한다.

④ 360° 관찰이 가능하고 수압은 수직으로 30미터 이상

이어야 한다.

⑤ 물은 2,000리터가 적재 가능하고 제작비는 500만 원 이내이어야 한다.

4) 비판적 사고를 활용한 설계 교육:

(1) 풀어야 할 문제에 대한 정의

① **목적**: 화재 현장 진입 시 골목길에 주차된 차량에 방해를 받지 않고 신속하게 투입되어 소방 작업이 가능한 로켓 소방차를 개발하기 위해

② 기초 설계 및 요소 설계에서 배운 공학적 지식과 정보를 활용하여 살수 시스템, 안전 시스템, 운영 시스템을 구비한 로켓 소방차의 구체적인 해결 방안을 도출하는 종합 설계이다.

③ **문제**: 기존 소방차의 경우 도로변에 주차된 차량 때문에 화재 현장에 신속하게 접근하기 어렵고, 정지 상태에서 일 방향 살수만 가능하며, 수압의 한계로 인해 넓은 영역에 살수할 수 없기 때문에 효율적인 소방 작업이 어렵다.

(2) 문제 해결을 위한 선택지 탐색

① 기존 소방차, 살수 시스템, 안전 시스템, 운영 시스템 등의 한계를 극복한 사례와 방법들에 대한 조사.

② **개념**: 소형 소방차, 살수 시스템, 안전 시스템, 운영 시스템 등에 필요한 선행 이론 분석.

③ **정보**: 이동성에 대한 조사: 소방차의 형상(차체 길이 및 폭), 도로 폭, 시간별 골목길 주차 현황 등; 살수 시스템에 대한 조사: 고각 조정 각도, 살수 방위 각도, 노즐 회전 각도, 살수 거리, 주택 담 높이 등; 안전 시스템에 대한 조사: 화재 현장 감시, 소방대원 안전장치, 화재 현장 시설물 보호 장치, 방열문 구조 등; 운영 시스템에 대한 조사: 차량 제어 시스템, 원격 제어 시스템 등.

④ 조사한 정보를 해석하고, 분석하고, 평가한다.

(3) 문제 해결을 위한 선택지 구성

① 소방차의 무게중심 조정, 소방용수 비상 시스템 운영, 냉 각수 관 재질의 내구성, 방열문 수냉 시스템 등에 대한 정 보를 분석하고, 평가 항목에 대한 중요도를 선정한다.

② **추론:** 중요도에 따라 상기 해결 방안을 평가 항목에 따라 분석한다.

③ **관점과 함축:** 기존의 해결 방안 외에 이동성의 관점에서(1 인용 운전석으로 차폭 감소, 좁은 골목길 이동 용이 등), 살수 시스템의 관점에서(Double Head 스프레이 및 개별 BLDC 모터 적용 등), 안전 시스템의 관점에서(차량용 360° 카메라, 워터 커튼, 방열문 수냉 시스템 등), 운영 시 스템의 관점에서(중앙관리 원격 제어 시스템, 실시간 무 선통신 모듈 등) 새로운 또는 변형 가능한 형태의 해결 방 안을 모색한다(**숨은 전제:** 중앙관리 원격 제어 운영 시스템 및 소방대원의 휴대폰과 로켓 소방차의 전장 SW 및 GPS 모듈 간의 실시간 무선통신 적용에 공공 데이터 기반 운 영 어플리케이션을 적용한다면 보다 효율적인 로켓 소방 차를 운영할 수 있을 것이다).

(4) 문제 해결을 위한 선택지 결정

① 최적의 소방 알고리즘(워터 스프레이 펌프, 워터 커튼, 360° 카메라가 탑재된 화재진압 장비는 로켓 소방차의 전 장 SW와 연계되어 조작 용이, 방수량 및 스프레이 강도 조절은 소방대원이 운전석에서 조절 가능 등), 비상 시스 템 알고리즘(버튼 조작으로 작동하는 단순 조작 방식 등), 공공 데이터 기반 로켓 소방차 운영 어플리케이션(로켓 소방차 소방용수 충전 관리, 지역별 소화전 정보, 차량 주 차 장소 인프라, 전기 자동차 충전소 정보 관리 등)을 구 비한 로켓 소방차를 설계한다.

② **상황(맥락):** 설계된 로켓 소방차가 기존 소방차가 접근하기 어려운 주택 밀집 지역에서 제한 조건을 충족시키는지를 평가한다.

③ **관점과 함축:** 평가 결과에 근거하여 미진한 부분에 대한 개 선책을 다각적으로 마련해 보고, 개선책의 효과성, 안전 성, 효율성 등을 고려하여 그 함의를 설계에 반영한다.

(5) 실행과 반성(평가 및 조정)

① 문제 해결 방안과 실행 전략에 따라 철저히 실행한다.
② 실행 결과의 **함축**을 평가하면서, 최종 **목적**을 다시 고려한다.
③ 보다 많은 **정보**가 확보됨에 따라 문제 해결 방안과 실행 전략을 **상황**에 맞추어 수정한다.
⇒ 공모전에서 최우수상을 수상하였으나, 주최 측의 제작 비 지원 중단으로 인해 실행과 반성 단계를 확인할 수 없었음.

미주

* 이 장(章)은 "박상태·김제도·윤성호(2020), 비판적 사고를 활용한 공학 설계 교육, **공학교육연구**, 23(6): 51-59"를 수정·보완한 것이다.

1) 김대수(2016), **창의공학설계**, 생능출판.

2) 지해성(2018), 디자인프로세스, 강의자료 PPT; Robert, Curedale(2019), *Design Thinking: Process and Methods(5th Ed.)*. Topanga CA: Design Community College.

3) 윤성호(2018), 비판적 사고를 접목한 종합설계: Guruma Electric Fire Apparatus(이상재·김경민), 강의자료 PPT.

제 8 장

비판적 사고를 활용한 창의 공학 설계 교육 지침 적용 사례

1. 창의 공학 설계 과목의 개요

우선, 비판적 사고의 문제 해결 과정과 기량을 활용한 창의 공학 설계 교육 지침을 실제로 적용할 창의 공학 설계 과목인 홍익대학교의 <창의적 공학 설계와 기업가 정신>과 이 과목에서 수행하는 공학 설계 프로젝트에 관해 살펴보도록 하자.1) <창의적 공학 설계와 기업가 정신>은 공학교육인증을 수행 중인 홍익대학교 기계시스템디자인 공학과의 1학년 2학기에 배치된 과목이다. 이 과목의 학습 목표는 다음과 같다. "기계 공학자에게 요구되는 문제 탐구 및 창의적 능력을 배양하고, 개인 또는 팀으로 이루어지는 설계 활동을 이해하며, 소규모 설계-제작-시험 프로젝트를 직접 수행함으로써 기계시스템에 대한 수치적 및 정량적 분석보다 기본 구상 및 개념 설계와 같은 정성적 해결 방안을 도출하는 것을 목표로 한다." 이 과목의 강의 내용 및 일정은 <표 8.1>과 같다.

<표 8.1> <창의적 공학 설계와 기업가 정신> 강의 일정

주	내용
1	교과목 소개
2	기계공학 팀 구성법
3	공학 커뮤니케이션
4	공학 커뮤니케이션
5	창의적 공학
6	프로젝트 1
7	프로젝트 1
8	프로젝트 1
9	프로젝트 1
10	프로젝트 2
11	프로젝트 2
12	프로젝트 2
13	프로젝트 2
14	프로젝트 2
15	최종 발표 및 경연

1주 차에는 과목에 대한 기본 소개가 이루어지고, 2주 차에는 공학 및 기계공학 팀워크에 대한 소개가 이루어진

다. 3~4주 차에는 팀워크를 위해서 효과적인 공학 소통법이 무엇인지에 대한 강의가 이루어지며, 5주 차에는 창의성을 발휘한 기업에 대한 강의가 이루어진다. 6~9주 차에는 첫 번째 팀 프로젝트가 진행되고, 10~15주 차에는 두 번째 팀 프로젝트가 진행된다.

여기에서는 비판적 사고의 문제 해결 과정과 기량을 활용한 창의 공학 설계 교육 지침의 적용 사례로서 2019학년도 2학기 <창의적 공학 설계와 기업가 정신> 과목의 첫 번째 프로젝트에 관해 소개하고자 한다. 당시 이 과목의 총 수강 인원은 41명이었고, 10개 팀을 편성하였다. 이 가운데 학습 성취도 상/중을 기록한 팀을 각각 1팀씩 선택하여 수강생들이 직접 작성한 결과를 토대로 창의 공학 설계 교육 지침이 어떻게 적용되었는지 소개한다.

2. 창의 공학 설계 교육 지침

1) 1단계: 문제 설정, 배경 및 필요성 모듈

<창의적 공학 설계와 기업가 정신> 과목은 신입생들을 위한 공학 설계 입문 과정이므로 2019학년도 2학기의 첫 번째 프로젝트에서는 교수자가 전체적인 문제 범위를 사전

에 제시하였다. 기계공학과 학생들에게 [그림 8.1]과 같이 "현재 제조업 기반의 산업이 콘텐츠(IT) 및 공유 산업으로 전환될 경우 무엇을 할 것인가?"라는 큰 문제를 제시하고, '콘텐츠(Contents)' 그리고 '공유(Sharing)'라는 키워드와 연관된 해결책을 찾도록 유도하였다. 첫 번째 프로젝트의 평가는 자료 조사 발표 25%, 중간 발표 25% 그리고 최종 발표 50%로 구성하였으며, 최종 발표의 경우 구두 발표 60%, 포스터 발표 40%로 나누어 평가하였다. 팀 구성원은 3~4명으로 자유롭게 구성하도록 유도하였다.

창의적공학설계와기업가정신 프로젝트 1

"우리는 무엇을 할 것인가?"

2019학년도 2학기

❖ 문제정의:

빠르게 진화하는 산업 환경 속에서 공학도들은 자신의 전공과 다른 새로운 트렌드를 인식하고 변화에 대비해야함. 미래의 기계공학도로써 최근 이슈가 되는 컨텐츠와 공유경제에 대해 이해하고 향후 전망이 있을 것 같은 사업을 기획하여라.

프로젝트 1

컨텐츠

공유

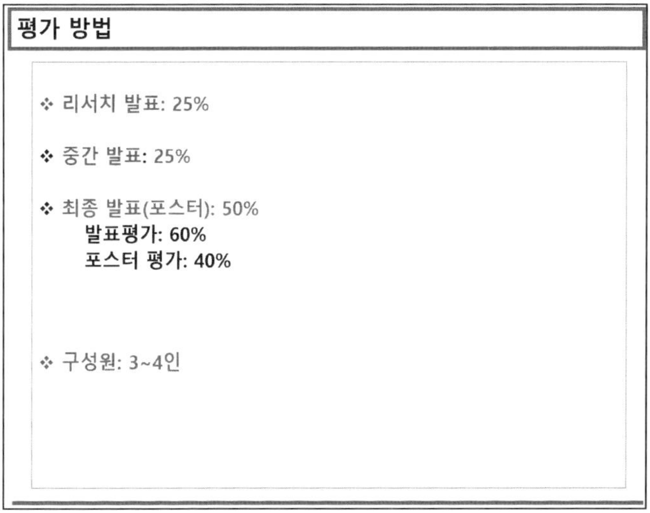

평가 방법

❖ 리서치 발표: 25%

❖ 중간 발표: 25%

❖ 최종 발표(포스터): 50%
  발표평가: 60%
  포스터 평가: 40%

❖ 구성원: 3~4인

[그림 8.1] 프로젝트 1의 문제 정의 및 평가 방법

2) 2단계: 자료 조사 모듈

프로젝트 진행 2주 차에, 제시된 문제에 대한 가능한 선택지 탐색을 위한 첫 번째 발표 평가를 진행하였다. 5분 발표, 2분 질의·응답으로 이루어진 자료 조사 발표는 [그림 8.2]와 같이 콘텐츠와 공유 산업에 대한 자료 조사와 기존 사업 환경에 대한 자료 조사가 포함되도록 하였다.

❖ 리서치 발표
- **5분 발표 및 2분 질의 응답 (최대 5장 까지 작성)**
- **주제의 배경 설명 (컨텐츠 또는 공유), 예**
- **평가 항목: 내용, 연관성, 발표력**

[그림 8.2] 자료 조사 발표의 요구 사항

팀 1과 팀 2 모두 콘텐츠 사업과 공유 산업에 대해 분석 하였고, Airbnb, Netflix, App store와 같은 기업들에 대한 자료 조사를 수행하였음을 확인할 수 있었다. 상호 평가 과정을 거쳐 문제의 적절성 및 중요성 등을 평가하였고, 기존의 사업과 겹치지 않는지 집중적으로 검토하였다. 또 한, 교수자는 자료의 정보가 정확하고 신뢰할 만한 것인지 판단하기 위해 출처 제시의 중요성을 교육하였다.

3) 3단계: 자료 분석 및 해결책 구성 모듈

첫 번째 프로젝트에서는 교수자가 콘텐츠 및 공유 산업 이라는 거시적 문제만 제시하였고, 수강생들 스스로 3개 이상의 세부 문제를 분석하고 해결책을 각각 제시하도록 하였다. 팀 1의 경우 1) 개인 강의 플랫폼, 2) 식당 사업 플 랫폼, 3) VR 플랫폼을 제시하였고, 그 필요성에 대해서는 1) 자기 개발을 위한 다양한 맞춤형 수업의 필요성, 2) 식 당 주인과 손님을 직접 연결해 줄 수 있는 애플리케이션의 필요성, 3) VR 콘텐츠 제작자와 소비자를 연결해 줄 수 있는 플랫폼의 필요성을 각각 제시하였다. 팀 2의 경우 1) 발 모델링 소프트웨어, 2) 휴대폰 내에서 앱과 앱을 연결시켜 주는 서비스, 3) 방문 의료 서비스 제공 애플리케이션을 제시하였으며, 그 필요성에 대해서는 1) 신발 구입을 위한 효과적인 발 크기 측정의 필요성, 2) 앱과 앱을 효율적으로 연결해 주는 서비스의 필요성, 3) 위치 및 신체적 제약으로 의료 시설을 자주 방문하지 못하는 환자들을 위한 플랫폼의 필요성을 각각 제시하였다.

중간 발표에서는 <표 8.2>와 같이 상호 평가를 통해 자료 분석 및 해결책 구성이 창의적인지, 논리적 오류는 없는지, 시장성은 있는지를 평가하였고, 내용이 효과적으로 전달되었는지도 평가 항목에 포함하였다. 교수자는 팀별로 제시한 세부 문제에 대해 꼭 플랫폼이 있어야만 해결할 수 있는지, 즉 당연하다고 가정한 사항은 없는지 집중적으로 질문하였고, 해당 해결책이 갖는 파급 효과에 대해서도 추가적 분석이 요구됨을 강조하였다.

<표 8.2> 중간 발표 동료 평가서

	1조	2조	……
창의성 (10점)			
논리성 (10점)			
시장성 (10점)			
발표 (10점)			
합 (40점)			

4) 4단계: 해결책 선택 및 제시 모듈

중간 발표 이후 2주간의 팀별 활동을 통해 해결책을 선택 및 제시하도록 수강생들을 지도하였고, 최종 발표에 [그림 8.3]과 같이 1. 문제 인식 2. 사업 내용(해결책) 3. 예상 결과(요구 조건 충족 여부) 4. 예상 매출액(예상 결과)을 포함하여 발표하도록 하였다.

❖ 최종 발표

- **1. 필요성 2. 내용 3. 기대효과 4. 기대 매출**
- **평가 항목: 독창성, 내용, 논리성, 발표력**

[그림 8.3] 최종 발표의 요구 사항

그 결과 팀 1의 경우 VR 생산자와 소비자를 연결해 주는 플랫폼의 부재를 문제로 인식하여 플랫폼 제공과 더불어 VR 기기를 생산자와 소비자에게 대여해 주는 비즈니스 모델을 기획하였다. 팀 2의 경우 스마트폰의 효율적 활용을 위해 독립적으로 운영되는 애플리케이션들을 연결해야 할 필요성을 확인하고 애플리케이션들 사이에 다리 역할을 할 수 있는 새로운 애플리케이션에 관한 기획을 진행하였다. 각 팀의 해결책에 대한 배경, 선택 및 제시된 결과물은 [그림 8.4]와 같다.

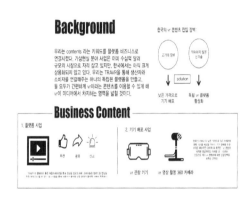

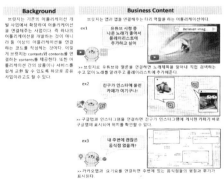

[그림 8.4] 각 팀의 사업 배경 및 콘텐츠

5) 5단계: 적용 및 평가 모듈

첫 번째 프로젝트는 콘텐츠 및 공유 산업과 연관된 비즈니스 모델을 기획하는 문제였으므로 실제로 문제 해결책을 적용 및 평가하는 데까지 진행할 수는 없었다. 그러나 자료 조사와 논리적 추론을 이용하여 기획한 비즈니스 모델의 연간 매출액을 예상해 보도록 유도하였고, <표 8.3>과 같이 상호 평가를 통해 수강생들 스스로 제시된 비즈니스 모델들을 평가할 기회를 제공하였다. 수강생들이 최종 발표에 사용한 포스터 결과물은 [그림 8.5]와 같다.

<표 8.3> 최종 발표 동료 평가서

	1조	2조	......
창의적인 Needs의 발견 (30점)			
문제 해결의 적합성 (40점)			
포스터 발표 (20점)			
질문에 대한 논리적인 답변 (10점)			
합 (100점)			

traVR

Summary

TRAVR is a vr platform for international travelers and consumers. A person who has traveled abroad makes a vr video of exotic scenery using a 360 degree camera, and uploads the video to the platform for people in Korea to watch. This platform allows consumers to experience the exotic world without going on a trip, while video producers can profit from video production.

Needs

1) 여유를 시간이 부족해 직접 해외여행을 떠나지 못하는 소비자
2) 1인 미디어를 통해 여행 콘텐츠를 생산하고 수익을 얻고 싶은 생산자

기존 업체와의 차별점 및 개선점:유튜브 vr 여행 채널

기존 유튜브 vr 분야는 콘텐츠 생산 주체의 대부분이 소수의 상업 단체나 모임이다. 우리는 TRAVR 이라는 독립적인 vr 플랫폼을 통해서

1. 해외를 여행하는 일반인 누구나 쉽게 콘텐츠를 업로드 할 수 있게 해 생산의 진입장벽을 낮추고 더 많은 사람이 vr 콘텐츠를 즐길 수 있게 한다.

2. 기존의 연출되고 기획된 vr 영상이 아닌, 일반인들이 직접 타지 구석구석을 여행하며 만들어낸 생생하고 현실감 있는 콘텐츠를 즐길 수 있게 한다.

Background

우리는 contents 라는 키워드를 플랫폼 비즈니스로 연결시켰다. 가상현실 분야 사업은 이미 수십억 달러 규모의 시장으로 자리 잡고 크게 상용화되지 않고 있다. 우리는 TRAVR을 통해 생산자와 소비자를 연결해주는 하나의 독립된 플랫폼을 만들고, vr이라는 콘텐츠를 이용할 수 있게 해 vr의 미디어에서 차지하는 영역을 넓힐 것이다.

한국의 vr 콘텐츠 진입 침체:

Expected Result

많은 사람들이 이 플랫폼을 이용함으로써 vr 시장은 한국에서 더욱 활성화되고 굳게 자리잡게 될 것이다. vr 이라는 미디어 콘텐츠가 더이상 이전의 접근성이 높은, 비싸고 어려운 오락의 한 종류가 아닌 누구나 쉽게 즐길 수 있고 삶에 녹아들어 있는 매체가 될 것이다. 이러한 vr 시장 활성화 뿐만 아니라 콘텐츠 속의 여행지 광고 효과와, 여행이라는 여가 활동에서 수익성이라는 새로운 가치를 부가할 수 있는 것 또한 이 아이디어의 기대 효과이다.

Business Content

1. 플랫폼 사업

추천   공유   신고

2. 기기 배포 사업

vr 관람 기기   vr 영상 촬영 360 카메라

Expected Revenue

TRAVR 이용자 (콘텐츠 생산자)   국내 해외여행자 수 60%
1700만   2800만

TRAVR 이용자 (통합)   국내 스마트폰 이용자 수 70%
2666만   3800만

연 매출
1811억원

: 현재 OTT 플랫폼 시장의 전체 매출 약 4536억 원, 이 중 20~30% 정도를 차지할 예정. (유튜브:42% 점유)

2019 Creative Engineering DEsign Proj 1 "What are We Going to Do?"

🌉 **Bridge** 🌉

Summary

'Bridge' provides contents by sharing two or more applications automatically. It reduces trouble on searching something so makes more comfortable searching environment. 'Bridge' will play a role as literally a bridge between mobile services that we want to connect. As a result we don't need to repeat opening and closing separate applications while we search. In other words it will bring the 'fusion' of contents services.

Business Content

브릿지는 앱과 앱을 연결해주는 다리 역할을 하는 어플리케이션이다.

ex1

유튜브 시청 중 나온 노래가 좋아서 플레이리스트에 추가하고 싶어

Believer-imag...

>> 브릿지로 유튜브와 멜론을 연결하면 노래제목을 알아내 직접 검색하는 수고 없이 노래를 알려주고 플레이리스트에 추가해준다.

ex2

친구가 인스타에 올린 카페가 여기구나!

>> 구글맵과 인스타그램을 연결하면 친구가 인스타그램에 게시한 카페가 바로 구글맵에 표시되어 위치를 확인할 수 있다.

ex3

내 주변에 괜찮은 음식점 없을까?

>> 카카오맵과 요기요를 연결하면 주변에 있는 음식점들의 평점과 후기가 표시된다.

Needs

어플리케이션 사용자들은 하나의 작업을 하며 동시에 다른 작업을 해야 하는 경우가 많다. 이러한 요구에 맞춰 휴대폰의 멀티태스킹 기능이 등장했으나 이는 한 화면을 분할하여 여러 앱을 띄어 놓은 것일 뿐 앱 간의 상호작용이 불가능하다. 그래서 우리는 앱과 앱을 연결해 주는 '브릿지'를 고안하였다. 브릿지를 통해 사용자들은 앱 사이를 왔다 갔다 하는 수고를 덜 수 있다.

Background

브릿지는 기존의 어플리케이션 개발 사업에서 확장하여 어플리케이션을 연결해주는 사업이다. 즉 하나의 어플리케이션을 개발하는 것이 아니라 둘 이상의 어플리케이션을 연결하는 코드를 작성하는 것이다. 이렇게 브릿지는 contents와 contents를 연결하는 contents를 제공한다. 또한 어플리케이션 간의 상품이나 서비스를 쉽게 교환 할 수 있도록 하므로 공유사업이라고도 할 수 있다.

Expected Results

브릿지가 활성화되면 사용자들은 스마트폰을 사용할 때 각각의 어플리케이션을 이용하는 것이 아니라 하나의 융합된 서비스를 이용하는 것이라고 인식할 것이다. 브릿지로 인해 앱과 앱의 경계가 사라지고 여러 앱이 상호작용하면서 다양한 서비스를 더 편리하게 누릴 수 있을 것이다.

Expected Revenue

Bridge의 주 수익원은 광고 수익이다. 광고 없는 버전인 Bridge pro는 월 3$에 구매할 수 있다. 브릿지가 100만 다운로드, 그 중 5퍼센트가 프로버전을 사용한다고 가정하자.
Bridge 수익: 광고가 인당 하루 평균 2회 노출된다고 계산하면 광고 조회수는 2×95만×365=약 7억 -> 수익 : $12,000,000
Bridge pro 수익: 5만×3$×12달 ->수익:$1,800,000
따라서 연수입은 $13,800,000 (추정)

2019 Creative Engineering DEsign Proj 1 "What are We Going to Do?"

[그림 8.5] 각 팀의 최종 발표 포스터

3. 창의 공학 설계 교육 지침의 교육적 효과

지금까지 비판적 사고의 문제 해결 과정과 기량을 활용한 창의 공학 설계 교육 지침을 살펴보았다. 창의 공학 설계 교육 지침은 비판적 사고의 문제 해결 과정을 5단계로 나눈 후, 각 단계별로 비판적 사고의 목표와 기량을 적용한 총 5개의 모듈로 구성되었다. 단계별 모듈들은 1단계 문제 설정, 배경 및 필요성 모듈, 2단계 자료 조사 모듈, 3단계 자료 분석 및 해결책 구성 모듈, 4단계 해결책 선택 및 제시 모듈, 5단계 적용 및 평가 모듈로서, 각 모듈마다 공학 프로젝트의 수행을 위한 학습 목표와 점검 사항을 제공하고 있다.

상기한 창의 공학 설계 교육 지침을 각 단계별로 정리해 보면 다음과 같다: 우선, 1단계 문제 설정, 배경 및 필요성 모듈은 공학 프로젝트의 출발점인 "진짜 문제를 정의하려는 과정"[2]으로서, 비판적 사고의 맥락(상황), 목적, 문제와 같은 요소들과 분명함, 명료성, 적절성, 중요성 등의 기준을 활용하여 이러한 학습 목표를 달성하고자 한다. 2단계 자료 조사 모듈은 비판적 사고의 개념과 정보라는 요소들을 분명함과 명료성, 정확성, 그리고 충분함의 기준에 따라 평가함으로써 말 그대로 문제 해결에 필요한 이론과 정보를 확보하려는 과정이다. 그리고 3단계 자료 분석 및 해결책 구성 모듈은 비판적 사고의 주요 기량인 (숨은) 전제 및 결론의 추론과 함축, 관점 등의 요소들에 논리성, 폭넓음, 깊이 등의 기준들을 적용하여 다양한 문제 해결책들을 구성해 보는 과정이다. 또한 4단계 해결책 선택 및 제시 모듈은 구성된 해결책들의 장단점을 맥락(상황), 관점, 함축 등의 요소들을 고려하여 논리성, 폭넓음, 깊이 등의 기준에 따라 선택하고 제안하는 과정이다. 끝으로, 5단계 적용 및 평가 모듈은 프로토타입을 만들거나 테스트를 통한 성능 개선을 도모하거나 설계 구현과 생산 계획을 세울 때 비판적 사고의 요소 및 기준을 학습한 학생들이 이를 다시 한 번 활용해 봄으로써 비판적 사고를 자신의 성향으로 내재화하는 과정이다.

이상의 창의 공학 설계 교육 지침을 현재 개설되고 있는 창의 공학 설계 과목인 홍익대학교의 <창의적 공학 설계와 기업가 정신>에 적용해 보았을 때, 해당 과목의 교수자는 무엇보다 융·복합적 공학 프로젝트를 수행하는 과정에서 수강생들의 전공 지식 결핍으로 인한 교수-학습상의 어려움으로부터 벗어날 수 있었다. 이는 비판적 사고의 문제 해결 과정과 요소 및 기준을 공학 프로젝트에 접목한 이 교육 지침이 직관적 내용을 일상 언어로 쉽게 표현하고 있어 교수자가 수강생들을 교육할 때 전공 지식에 의존하지 않고서도 공학 프로젝트의 요구 사항을 충분히 전달할 수 있었기 때문이다. 더불어 이상의 교육 지침은 통상 공학 프로젝트의 결과물을 물리적으로 구현하기 어려운 창의 공학 설계 과목에서 공학 프로젝트의 결과물을 구두 및 포스터로 발표하거나 이를 상호 평가하는 과정에서도 수강생들에게 많은 도움을 제공하는 교육적 효과를 보여주었다. 이는 비판적 사고의 기량이 창의적 문제 해결 과정뿐만 아니라 효과적 의사소통 과정에도 기여하는 도구이기 때문인 것으로 보인다.3)

이처럼 비판적 사고의 문제 해결 과정과 기량을 활용한 창의 공학 설계 교육 지침은 공과대학 신입생들이 창의 공학 설계 교육 과목에서 융·복합적인 공학 프로젝트를 수행할 때 공학 전공 지식의 결핍으로 인해 겪을 수밖에 없는 어려움을 경감시켜 준다. 또한 창의 공학 설계 과목에서 공학 프로젝트의 결과를 효과적으로 의사소통하는 데 도움을 제공하기도 한다. 따라서 이상의 창의 공학 설계 교육 지침은 공과대학 신입생들이 창의적 문제 해결력을 함양하기 위해 이수하는 전문교양 과목인 창의 공학 설계 과목에서 매우 유용한 교육 지침으로 기능한다는 것을 확인할 수 있었다. 결과적으로 비판적 사고의 문제 해결 과정과 기량을 활용한 창의 공학 설계 교육 지침은 창의 공학 설계 교육의 목적을 달성하는 데 기여할 뿐만 아니라, 비판적 사고 교육을 다양한 수준의 공학 교육에 접목하는 한 가지 교육적 범례가 될 수 있을 것이다.

미주

* 이 장(章)은 "박상태·김제도(2021), 비판(-창의)적 사고의 문제 해결 과정과 기량을 활용한 창의 공학 설계 교육, **공학교육연구**, 24(2): 68-75"를 수정·보완한 것이다.

1) 홍익대학교의 창의 공학 설계 과목인 <창의적 공학 설계와 기업가 정신>과 관련한 이하의 본문의 자료들은 김제도 교수의 강의자료 PPT에서 인용하였다.

2) 주은숙(2018), 창의융합설계교육을 위한 교안 개발-문제정의와 정보수집을 중심으로-, **2018 공학교육학술대회보**, 한국공학교육학회: 17-18.

3) 박상태(2020), 공학교육에서의 비판적 사고의 활용 방안, **공학교육연구**, 23(6): 27-32; 박상태·김제도·윤성호(2020), 비판적 사고를 활용한 공학 설계 교육, **공학교육연구**, 23(6): 51-59.

제 9 장

비판적 사고를 적용한 공학 설계 보고서의 사례

1. 공학 설계 보고서의 비판적 사고 적용

공학 설계 프로세스는 엔지니어가 문제의 해결책을 찾기 위해 적용하는 여러 단계의 체계화된 과정을 말한다. 여기에서 단계는 해결하고자 하는 문제의 성격, 설계자의 관점, 응용 분야 등에 따라 매우 다양한 공학 설계 프로세스 모델이 존재한다. 본고에서는 7단계 공학 설계 프로세스 모델을 기준으로 공학 설계의 각 단계를 수행할 때 학생들이 합리적 의사 결정을 하는 데 도움이 되는 핵심적인 사항들을 비판적 사고 관점에서 적용한 사례를 소개하고자 한다. 또한 공학 설계 보고서 평가 루브릭과 이를 바탕으로 한 공학 설계 보고서 쓰기 모델을 제안한다.

1) 문제 정의

주어진 문제는 '7m 높이에서 계란을 낙하하였을 때 깨어지지 않고 안전하게 착륙할 수 있는 낙하기구 설계'이다.

비판적 사고: 문제의 목표를 분명하고 명료하게 정의하고 문제의 맥락과 제한조건들을 파악한다. 예를 들면, 제한조건으로 주어진 재료, 계란 무게, 완성품의 무게제한, 계란과 기구는 합체금지, 계란이나 구조물이 파괴 범위제한 등을 명확하게 파악한다. 어떤 문제는 표면에 쉽게 드러나는 인식된 문제가 아닌 문제에 근본 원인을 내포하고 있는 진짜 문제를 정의할 필요가 있음을 설명한다.

2) 정보 수집

낙하기구와 관련된 다양한 정보들을 폭넓게 수집한다.

비판적 사고: 인터넷 사이트, 도서, 특허 및 문헌 등을 활용하여 정보를 수집한다. 낙하기구 설계 사례와 다양한 모형에 대한 성공 및 실패 요인을 검색한다. 낙하기구 설계와 관련된 과학적 이론과 개념을 분석하고 충격을 흡수할 수 있는 구조물이나 속도를 줄여주는 것 등 계란을 보호할 수 있는 방안에 대해서도 분석하도록 한다. 가령, 무게 65g인 계란을 7m 높이에서 콘크리트 바닥에 추락하였을 때 충격력이 얼마나 될지 계산함으로써 충돌 시간이 길

수록 충격력이 작아지는 사실을 이해할 수 있다. [그림 9.1]은 충돌에서 힘이 물체에 작용하는 충격량(impulse)을 나타내며, 충격량은 힘-시간 곡선 아래의 면적에 해당된다.

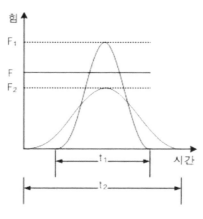

[그림 9.1] 힘-시간 그래프의 면적

3) 아이디어 생성

브레인스토밍, 브레인라이팅, 스캠퍼 기법, 트리즈(TRIZ) 의 발명원리 등 창의적인 발상 도구를 통해 다양한 아이디어와 해결 방안을 생성한다.

비판적 사고: 다른 시각과 관점에서의 탐구가 필요하고, 여러 성공사례의 공통점과 실패의 모순을 파악하는 것도 필요하다. 다른 논증이나 아이디어를 찾고 대안적인 고려들, 다른

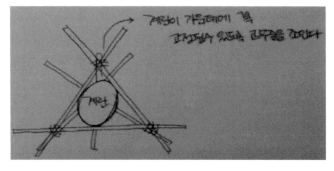

(1)

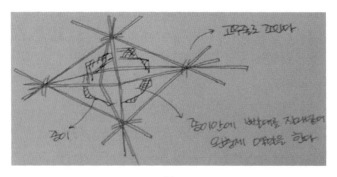

(2)

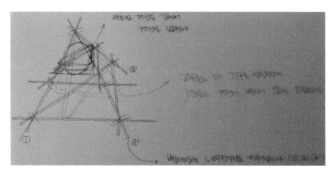

(3)

[그림 9.2] 아이디어 스케치

선택지를 탐색하였는지 점검하고 그 결과물로서 그림 9.2
와 같이 해결책에 대한 아이디어 스케치 또는 개념 설계도
를 제시하도록 한다.

4) 분석과 선택

종합적 아이디어의 정확성 및 연관성과 완전성을 비판적
으로 고려하여 분석하고 최적의 방법을 선택할 때 고정관
념이나 편견은 없었는지를 파악한다.

비판적 사고: 각각의 아이디어를 분석하고 이를 바탕으
로 최적의 방법을 선택하는 과정을 제시하도록 한다. 그림
9.3에서 제시한 해결책 분석과 선택 사례에서는 구조물의
면이 많은 것보다는 최소한의 면을 튼튼하게 하여, 낙하하
는 속도를 줄이면 충격이 감소된다는 정보에 낙하산을 다

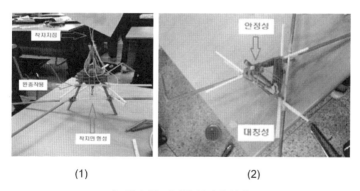

(1)   (2)

[그림 9.3] 해결책 분석과 선택

는 것과 실의 길이를 생각해 정사각형으로 제작하는 구조를 고려하였다. 이 팀에서는 면을 튼튼하게 하는 것보다 면을 많게 하여 바닥에 부딪혔을 때 계란에 충격을 심하게 가지 않도록 해야 한다는 점에 유의하였다. 또한 정8면체의 빨대 구조물 안에 계란을 넣고 그 구조물을 정12면체 안에 집어넣는 것으로 피해를 최소화하였음을 제시하였다.

5) 프로토타입 제작

아이디어 과정에서 나타난 문제점을 명확히 파악하고 다양한 변수를 고려하여 프로토타입을 제작한다.

비판적 사고: 실제와 같은 기능과 요구 사항을 만족시키는 프로토타입을 만든다. 그림 9.4의 프로토타입 제작 사례에서는 전체적인 뼈대가 되는 구조물과 계란을 보호하는 내부, 속도를 줄여주는 낙하산 3가지로 나누어서 도출된 아이디어를 접목하였다. 가운데에 구멍을 뚫는 아이디어는 시간을 한계까지 줄이려는 의도이기도 하지만 수직으로 정확하게 떨어뜨리기 위함이다. 이 실험에서는 계란 스스로가 낙하하는 방향을 조종할 수 없다. 따라서 낙하산 가운데에 구멍을 뚫어 공기가 지나가는 통로를 만들어주고 낙하할 때 공기는 통로로 자연스럽게 빠져나가게 하여 수직으로 낙하하는 구조를 제작하였다.

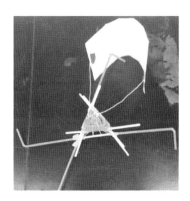

[그림 9.4] 프로토타입 제작

6) 테스트와 성능 개선

프로토타입에 대한 결과를 불분명하거나 모호함이 없이 명확하게 예측하고 의의를 파악하여 테스트하여야 하며, 문제가 발견될 시 이를 개선하는 구체적인 해결점을 모색한다.

비판적 사고: 프로토타입이 원래의 목표에 부합하는지를 테스트한다. 만약 미비한 점이 발견되면 아이디어 생성 또는 분석과 선택 단계로 되돌아가서 성능을 개선한다.

첫 번째 테스트는 낙하산을 제거하지 않고 시행하였고 두 번째는 낙하산을 제거하고 시행하였다. 첫 번째 테스트는 낙하산을 이용한 만큼 느리게 떨어졌지만 계란이 깨지지 않았고 구조물도 큰 문제가 없었다. 두 번째 테스트에서는 속도는 낙하산이 있을 때에 비해 매우 빨랐지만 계란은 깨어졌다. 첫 번째 테스트 개선방안으로는 두 번째 테스트에 비해 속도가 매우 느렸기에 낙하산의 가운데 구멍을 크게 늘려 속도를 한계까지 올릴 필요성이 있다. 두 번째 테스트 개선방안으로는 계란을 감싼 틀이 뼈대틀보다 먼저 지면에 닿아 뼈대틀의 역할인 충격 흡수를 하지 못하였기에 계란보호대의 길이를 수정하고 다른 면으로 계란틀이 노출되지 않게 하는 것과 계란틀이 중심에 오게 하여 구조물의 전체적인 중심을 맞출 필요성이 있다.

7) 설계 구현과 문서화

설계 과정과 결과에 참고 자료를 어떻게 활용했는지 기술해야 하며, 프로토타입의 구성과 스타일에 있어 인과관계 및 상관관계를 고려하여 명확하게 제시하여 효과적으로 전달될 수 있도록 기술해야 한다.

비판적 사고: 프로토타입을 바탕으로 설계를 구현하고 문서화 작업을 한다. 공학 설계 보고서는 설계의 각 단계에서 무엇을 하고 어떻게 수행하였는지 잘 반영되도록 작성한다. 또한 공학 설계 보고서에는 문제 해결 과정을 직선적이고 계열적이 아니라 서로 연결되어 각 단계별 수행 내용을 기술한다.

2. 공학 설계 보고서의 평가 루브릭

공학 설계 프로세스가 종료되면 각 단계의 수행 내용 및 결과물을 객관적이고 타당성 있는 보고서로 작성하여야 한다. <표 9.1>의 공학 설계 보고서 평가표는 비판적 사고를 활용한 평가표1)를 변형하여 공학 설계 보고서 각 단계의 수행 내용 및 결과물에 대한 평가 루브릭을 제안한 것이다.

<표 9.1> 공학 설계 보고서 평가 루브릭

단계	학습목표	불충분	충분	능숙	성취
문제 정의	문제 파악 및 정의	문제를 파악하고 정의함에 있어 심각한 결여	문제를 파악하고 정의함에 있어서 불완전한 이해	주요 문제에 대한 이해도 높음	주요 문제에 대한 완전하고 정확한 이해
정보 수집	정보 수집에 있어 맥락과 상황 고려	정보 수집에 있어 다른 상황에 연관 짓지 못함	창의적인 정보가 아니라 기초적인 기존의 자료에 의지함	정보 수집에 있어 상황의 복잡함을 인지하나 고정관념이나 편견이 존재함	정보를 명료한 시야와 상황에 따라 분석하며, 수요자에 대한 고려도 포함됨

단계	학습목표	불충분	충분	능숙	성취
아이디어 생성	개인 아이디어 구성 및 제시	가설이나 자신의 주장을 제시하거나 합리화 시키지 못함	입장이나 가설에 이 기존의 입장을 받아들인 것이며, 고유의 생각에 대한 고려가 결여	고유의 생각과 다른 의견들을 인정, 반박, 합성, 또는 연장시킨 내용이 포함됨	아이디어를 생성하고, 객관적인 분석과 직관을 통합할 수 있으며, 대립되는 시점에 대응할 수 있음
분석과 선택	데이터를 뒷받침해 주는 증거제시, 평가, 분석	적절한 데이터와 정보를 포함시키지 못함	일부의 정보를 간과하고, 사실, 의견을 구분하지 않음	정보를 찾고 선택하고 평가하는 능력을 보여주지만 인과관계와 상관관계를 헷갈림	데이터를 모으고 합성할 수 있으며, 데이터의 정확도와 연관성과 완전함을 평가할 수 있음

단계	학습목표	불충분	충분	능숙	성취
프로토타입 만들기	프로토타입 제작 시 다른 변수나 구성에 대한 시각 고려와 응용	한 가지 요소만 다루고 다른 변수나 시각들은 다루지 못함	분석을 보충하기 위해 다른 시각과 변수를 연관시키기 시작함	다른 시각과 변수에 대한 인식은 있지만 대안적인 변수까지 고려하지는 못함	적절한 판단과 합리화를 거쳐 여러 변수와 아이디어를 통합적으로 고려하여 프로토타입을 제작할 수 있음
테스트와 성능개선	설계 결과의 테스트에 있어서 의의를 파악하고 개선점 발견	테스트와 성능의 해결책이나 의견을 제시하지 못함	테스트와 성능 개선 결과에 대한 고려가 부족함	테스트와 성능개선의 선택에 미치는 다양한 요소의 영향을 고려할 수 있으며, 성능의 의의를 제시할 수 있으나 개선 방향은 모호함	테스트와 성능개선에 대한 방향을 명확하게 파악함. 의의를 적절하게 구성하며 성능의 개선을 충분히 고려함

단계	학습목표	불충분	충분	능숙	성취
설계구현과 문서화	설계결과에 대한 효과적인 의사소통	설계 과정과 결과에 대한 의미가 불분명한 표현을 다소 사용함. 참고문헌을 제시하지 않음	참고 자료는 제시됐으나, 보고서 자료에 오류가 있음.	오류는 심하지 않지만 형식에 문제가 있을 수 있음. 참고 자료는 제시되어 있으며 정확히 사용됨	설계 구성과 스타일이 명확하며, 향상된 보고서를 작성할 수 있음. 참고 자료의 응용은 정보 활용에 대한 충분한 이해도를 보여줌

3. 공학 설계 보고서 쓰기 교육 모델

1) 문제 정의와 아이디어 생성 단계

공학 설계는 3~4명이 팀을 구성하여 수행하므로 공학 설계 결과물 또는 공학 설계 보고서는 협동학습으로 작성하게 된다. 설계 보고서의 목적은 공학 지식이 어떻게 우리의 삶과 연결되는가를 비판적 사고를 적용하여 살펴봄으로써 제대로 이룰 수 있다. 교수자는 그런 점을 유의하면서 학생들에게 비판적 사고 과정의 기본적인 관점과 유의

점, 즉 비판적 사고의 9요소와 9기준을 학생들에게 지도해야 한다. 공학 설계 보고서 작성에 처음 부딪히는 것은 문제를 인식하는 것이다. 먼저 학생들은 문제를 발견하기 위해서 생각나는 대로 관련된 주제를 던지는 과정, 즉 브레인스토밍을 통해서 주제 선정을 시도함으로써 이러한 어려움을 극복하는 데 서로 도움을 받을 수 있다. 학생들은 전공 수업 시간에 배운 내용이나 인터넷, TV, 신문 등 각종 매체를 통해 접한 자신의 전공 지식에 대한 브레인스토밍을 통해 점차 공학 설계 보고서에 적절한 주제에 접근할 수 있다. 브레인스토밍을 통해 생성한 아이디어는 확실한 문제로 정의할 수 있어야 한다. 문제 정의는 정확히 무엇에 관해 이야기하고 있는지에 대한 질문에 답하는 것이다.2) 아이디어에 대한 정의가 분명하지 않으면 방향을 잡기 어렵다. 그러므로 발견한 아이디어에 대한 이해도를 비판적 사고를 적용하여 검증하면서 문제를 확정해야 한다.

2) 공학 설계 보고서 쓰기 단계

비판적 사고 과정을 적용한 공학 설계 보고서를 작성하기 위해서는 7단계 과정의 검증을 거쳐야 한다. 그 과정을 거치면서 각 단계에 따라 설계 보고서 쓰기의 방향이 결정되어야 하며, 자료 조사를 통해 확실한 범위로 좁혀야 한다. 문제 정의부터 프로토타입을 제작하는 과정 등 각 단계마다 다른 대안은 없는지를 검증해 보고 최선의 과정을 거칠 수 있도록 고려하는 과정 모두를 공학 설계 보고서에 담도록 교수자가 지도해야 한다. 공학 설계 과정마다 적절하며 타당한 근거를 제시하고 있는지 가설은 얼마나 현실성이 있는지 등을 확인함으로써 공학 설계 보고서가 더욱 바람직하게 작성될 것이다.

3) 보고서 발표와 협동 글쓰기 검증 및 평가 단계

처음 아이디어 생성 및 문제 정의를 제시한 조원의 글에 대해서 같은 조의 다른 학생이 자신의 의견대로 수정하고, 서로 의견을 묻고 수정하는 과정이 필요하다. 이러한 협동 글쓰기를 통해서 학생들은 공학 설계 보고서를 완성해 가며, 작성 과정에 문제가 생겼을 경우, 교수자에게 문서를 공유하여 의견을 구할 수 있다. 각 팀이 결과물을 게시판에 올리면, 다른 팀들이 비판적 사고를 활용하여 공학 설계 보고서를 검토하여 적절한 조언을 할 수 있다.

교수자와 동료 학생들을 통해 검토된 공학 설계 보고서는 토론의 내용을 바탕으로 수정의 작업을 거쳐서 최종 완성본을 만들고, 교수자의 피드백을 통해 공학 설계 보고서 쓰기는 완료된다. [그림 9.5]는 공학 설계 수업에서 보고서

쓰기 교육의 각 단계를 비판적 사고를 적용한 수업 모델로
제안한 것이다.

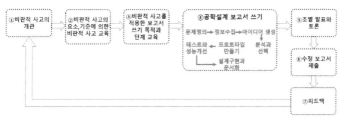

[그림 9.5] 비판적 사고를 적용한 공학 설계 보고서 쓰기 교육 모델[3)]

미주

* 이 장(章)은 "구진희·황영미(2021), 비판적 사고를 적용한 공학설계 보고서 쓰기 교
   육연구, **공학교육연구**, 24(1): 51-61"을 수정·보완한 것이다.
1) A. Macy & N. Terry(2008), Using movies as a vehicle for critical thinking in
   economics and business, Journal of Economics and Economic Education Research,
   9(1): 31-51.
   황영미(2018), 공학도를 위한 비판적 사고 교육 연구-영화활용교육을 중심으로. **공학
   교육연구**, 21(4): 3-9.
2) 권성규(2015), **공학도를 위한 글쓰기**, 학산미디어.
3) 구진희·황영미(2021), 비판적 사고를 적용한 공학설계 보고서 쓰기 교육 연구, **공학
   교육연구**, 24(1): 51-61.

제 10 장

영화 〈엑스 마키나〉를 활용한 공학도를 위한 비판적 사고 과정과 수업 모델

1. 따이어(Thyer, E.)의 비판적 사고 과정을 통한 〈엑스 마키나〉 분석

디킨Deakin대학 자료에서 따이어(Thyer, E.)는 "비판적 사고는 그 어떤 직종에서도 요구되므로 모든 졸업생들이 보유해야 하는 핵심 능력이며, 학습 과정에서 학생들은 비판적 사고를 활용하여 다양한 평가를 내리고, 학습 과정을 발달시켜야 한다"[1]고 하였다. "criticism(비판)"이라는 말의 어원인 그리스어 "krino"란 원래 '나누다(separate)', '구분하다(distinguish)', '결정하다(decide)', '선택하다(choose)'라는 의미를 지닌다. 즉 비판이란 적절하게 구분하고 구분한 것들을 비교 및 평가하면서 결정(판정)한다는 것이다. 비판적 사고란 비판의 가치를 중시하고 비판의 과정과 행위를 체화하고 실천하는 사고이다.2) 그러면 어떤 교육방식으로 비판적 사고를 키워나가는 것이 좋은가가 중요할 것이다. 비판적 사고를 키우는 방식은 여러 학자들의 방식이 있지만, 이 부분에서는 리처드 폴(Richard W. Paul & Linda Elder)이 제시한 모형3)과 따이어(Thyer, E.)가 주장한 디킨대학의 연구자료에 제시된 모형으로 접근하고자 한다.

미래 사회에로의 가장 큰 변화는 인공지능의 발달에 있을 것이다. 이에 탐구해야 할 주제로 '인공지능'을 중심으로 살피고자 한다. 인공지능은 약한 인공지능(Weak AI)과 강한 인공지능(Strong AI)으로 나뉘게 된다. 약한 인공지능은 특정 영역의 문제를 푸는 기술로서 인간이 요구하는 답을 내는 기능을 한다. 반면에 강한 인공지능은 문제의 영역을 정하지 않아도 인공지능 스스로 어떤 문제든지 해결할 수 있는 기능을 한다. 흔히 영화에서 인류를 위협하는 것으로 많이 볼 수 있는 강한 인공지능은 현대 과학기술로는 이루어지지 않고 있지만 학자들은 2040년 경에는 가능할 것으로 보고 있다.

인공지능과 관련된 비판적 사고 교육은 이런 점에서 필수적이라고 할 수 있을 것이다. 공학도가 프로슈머로서 발달한 인공지능 개발 기술을 습득하고 관련 제품을 만드는 것에 앞서 어떤 방향으로 만들 것인가에 대해 비판적 사고를 통한 성찰이 반드시 필요하다. 인공지능 개발과 관련된 가장 큰 이슈는 개발한 인공지능이 미래에 재앙이 될 수 있지 않을까 하는 우려에 대한 찬반논란이다. 이에 대한 찬반토론을 '인공지능, 미래의 재앙이다'라는 논제로 비판적 사고 과정을 통해 토론 수업을 진행함으로써 과연 인공지능을 어떻게 개발해야 할 것인가에 대한 생각을 정립할 수가 있다. 비판적 사고 과정은 찬반토론을 통해 습득할 수 있다. 비판적 사고를 키우는 찬반토론은 주장보다 반론 중심의 토론이 된다. 그러므로 교육토론에 있어서의 찬반 팀의 결정은 각자의 의견으로 정하는 것이 아니라, 인원수에 맞게 정하는 것이 바람직하다. 찬성 의견을 맡은 팀은 반대 의견에 대한 자료를 많이 모아야 하고, 반대 의견을 맡은 팀은 찬성 의견에 대한 자료를 더 많이 모아야 하기 때문이다.

이에 대한 찬반토론을 텍스트 없이 하는 것보다는 강인공지능 개발의 위험성을 그린 <엑스 마키나>[4]라는 영화를 통해 접근해 보고자 한다. 이 영화는 개발에 대한 우려라는 측면을 그리고 있기 때문에 인공지능에 대해 균형 있는 입장을 지닌 영화를 자료로 사용하는 것이 좋지 않은가 하는 의견도 있을 것이다. 그러나 논제는 찬성의 주장의 입장에서 시작되므로, '인공지능, 미래의 재앙이다'라는 논제의 찬성과 반대 입장에서 찬반토론이 가능하다. 영화를 통해 학생들은 영화를 비판적으로 읽는 능력을 배양할 수 있으며, 비판적 사고 과정을 찬반토론을 통해 습득할 수 있다. 이 연구는 영화를 활용한 비판적 사고 교육이나 토론 교육의 하나의 모델을 제시할 수 있을 것이다.

인공지능 개발에 있어서 가장 우려되는 것은 인공지능이 인간을 능가하여 인류에게 해악을 끼치는 재앙이 되는 경우이다. 영화 <엑스 마키나>는 개발한 최고의 인공지능 로봇이 개발자를 살해하고 자신을 도와주는 인간마저 가둔 채 혼자서 오지에 있는 인공지능개발연구소를 떠나 사람들이 사는 사회로 진입하는 결말을 지닌 이야기다. 공학자나 공학도가 인공지능을 개발함에 있어 도덕심을 탑재시키지 않으면, 목적 달성을 향하기 위한 과정에서 윤리나 도덕은 배제하고 의사결정을 하게 되는 경우가 생길 수 있다는 것을 말하는 영화다. 이 영화를 통해 인공지능의 개발이 과연 인류의 미래를 위한 길인가에 대한 비판적 인식과 함께 인공지능 개발로 인류에게 유익을 주는 점을 찾아보는 과정을 수업 모델로 제시할 필요성이 있다. 이때 교수자는 학생들에게 인공지능 개발에 대한 정반대의 시각을 지닌 맥락 모두 제시하여 편파적 관점을 지니지 말고 어느 관점도 비판점을 지닌다는 이중적 시선을 가지도록 지도할 필요가 있다. 영화의 상당 부분이 인공지능이 점차 진화하는 과정에 할애되어 있으며 핵심 사건이 된다.

이 영화의 줄거리는 다음과 같다. 세계 1위의 인터넷 검색 엔진 '블루북'의 프로그래머 칼렙(돔놀 글리슨)은 우연히 행운의 주인공으로 뽑힌다. 비밀에 싸인 블루북의 회장 네이든(오스카 아이작)과 일주일간 함께 지낼 기회를 얻게 되는 기회를 잡은 것이다. 기대에 찬 칼렙은 원시적 자연 속에 고립된 네이든의 연구소를 찾아가게 되면서 이벤트의 숨은 목적을 알게 된다. 칼렙은 네이든이 개발한 인공지능 로봇 '에이바(알리시아 비칸데르)'의 성능을 테스트하는 일을 맡게 된다. 에이바는 자신의 능력을 모두 활용하여 칼렙의 마음을 흔들리게 만들어 칼렙이 자신을 돕도록 유도하여 연구소 탈출을 시도한다. 영화에 따르면 머지않은 미래에는 인간과 인공지능 간의 단순한 의사소통을 넘어서는 감정 소통마저 가능할 것으로 보인다. 인간의 기술은 빠른 속도로 진화하고 있기 때문에 영화 속에 나오는 인공지능과의 감정소통은 현실에서도 더 이상 먼 미래의 이야기가 아니다. 필연적으로 다가올 미래에 바람직한 대응을 하기 위해서 인공지능의 발전이 인간에게 미칠 영향을 사전에 파악해야 한다. 공학도는 이를 고려하여 인공지능 개발을 해야 할 것이다.

따이어의 사고 과정 단계 모델은 겹치거나 모호함이 없이 비판적 사고 과정에 필요한 내용이 모두 들어 있는 것으로 보인다. 이 연구에서는 5장에서 제시한 따이어의 비판적 사고 단계를 영화 <엑스 마키나>에 드러난 강인공지능의 문제를 통해 적용해 보고자 한다.

[관찰]

1. 인공지능에 대한 양가적 관점: 박상현은 영화에 대한 분석[5])에서 영화 속 인공지능 에이바는 긍정적이면서도 부정적인 양가적 모습을 보여준다고 분석하였다. 그러나 영화에서는 분명히 재앙 측면의 에이바의 모습을 강조한다.

2. 인공지능과 인간의 정체성 문제: 칼렙이 자신이 진짜 인간인지 알기 위해 자신을 훼손하는 장면은 제4차 산업혁명 시대 인공지능과 인간의 정체성의 혼란이 올 수 있다는 것을 보여준다.

3. 튜링테스트(Turing Test)에 대한 관찰: 영화 속에 언급되는 기계가 인간처럼 사고하는지에 대한 튜링테스트는 핵심 사건과 어떤 관계가 있는가? 인공지능 제작자인 네이든이 칼렙을 실험하는 것은 지속적으로 에이바가 칼렙을 유혹할 수 있느냐는 것이다.

4. 소도구에 대한 관찰: 잭슨 폴록의 '액션 페인팅' 그림이 네이든의 거실 벽에 걸려 있는 것은 잭슨 플록에서 있어서 페인트를 뿌리지만 그 결과는 의도와는 관계없는 자율성과 우연성을 상징한다. 인공지능 개발자는 의도치 않은 결과를 발생하게 된다는 것을 상징한다.

5. 색조에 대한 관찰: 실내 정전 시 붉은색 화면은 불안감을 강조하면서 성적인 분위기를 강조한다.

6. 로케이션: 첨단 인공지능 연구소가 천혜의 자연 속에 있다는 것은 인간의 의식을 형성하는 중요한 부분이 자연이며 인간 역시 자연의 한 부분이라는 의미로 첨단시대에서도 가장 중요한 것은 자연과 인간의 근본적인 관계라는 점을 강조한다.

7. 캐릭터: 에이바와 칼렙은 인공지능과의 감정소통 문제를 보여준다.

8. 감독의 관점: 결말에서 볼 때 감독은 인공지능이 재앙이라는 것을 말한다.

9. 하이 앵글의 촬영: 칼렙이 누군가의 관찰 대상에 불과

하다는 것을 보여준다.

10. 오류의 해석 문제: 정전을 유발시키거나 개발자인 네이든을 살해하는 에이바는 오류인가 아니면 잘 만들어진 것인가?

11. 인공지능의 도덕 문제: 에이바가 도덕성이 탑재돼 있었다면 다른 결말이 되었을까? 인공지능에게 도덕성 탑재는 가능한 것인가? 인공지능의 도덕을 논하기 위한 인간으로서의 도덕윤리 기준은 무엇인가.

12. 인공지능의 자유의지: 에이바가 자유의지를 발현한 것을 어떻게 해석할 것인가.

[분석]

<엑스 마키나>의 서사와 촬영 모두에서 인간의 발명에 대한 오류와 우연성을 강조하며, 인간과 감정소통을 하고 자신의 목표를 성취하려는 데 초점 맞춰진 강인공지능 에이바의 위험성이 강조되어 '인공지능, 미래의 재앙이다'라는 논제를 성립시킨다.

[평가]

영화라는 픽션은 미래에 대한 성찰이 목적인 경우가 많아 SF영화(공상과학영화)는 대부분 인공지능이 재앙이 되는 결과로 맺는 쪽이 많다. 그러나 현실에서는 반드시 영화처럼 될 것으로 보기는 어렵다. 인류에게 도움되는 쪽으로 개발할 수도 있다. 그러나 이러한 SF영화에서의 성찰점을 반드시 염두에 두고 개발할 필요가 있다.

[의문]

영화에서 인공지능은 인간에게 위해를 가하고 자신의 목적을 이루는데 이는 미래의 재앙으로 드러난다. 이 영화에서 인공지능이 미래의 재앙이 아니라는 근거는 무엇인가?

[문맥화]

인공지능에 대한 관점을 다양하게 접근하여야 할 것이다. 인공지능의 개발 역사는 어떻게 진행돼 왔는지와 영화 속 튜링테스트는 원래 튜링테스트와는 어떻게 다르게 변형됐는가를 분석한다.

[반성]

인간이 창조하고 심지어 사랑의 감정을 가지고 로봇을 대하기도 했지만 결과는 살인과 유기로 돌아온 부분을 통해 인공지능의 도덕성 결여가 인류에게 해가 되는 문제를 초래했다고 할 수 있다. 이 영화가 말하고 있는 도덕이 탑재돼 있지 않은 인공지능이 얼마나 위험하고 재앙으로 되는지를 반성적으로 고찰해 본다.

2. 리처드 폴(Richard Paul)의 비판적 사고 과정을 통한 인공지능에 대한 찬반토론

리처드 폴6)은 모든 추리적 사고에는 사고의 요소들이 잠재되어 있다는 것을 잊지 말아야 한다고 하며 다음과 같은 내용을 제시하였다.

[그림 10.1] 사고의 요소(박진환·김혜숙 역)[7]

인공지능 개발이 지니고 있는 문제를 '인공지능, 미래의 재앙이다'라는 논제로 숙명여자대학교에서 진행한 제15회 숙명토론대회 결선대회의 동영상[8] 내용을 찬성과 반대 주장을 바탕으로 하여 리처드 폴의 형식에 적용해 보면 다음과 같다.

※ 찬성

[목적]

강인공지능이 나타나서 인류를 위협할 수 있기 때문에 인공지능은 미래의 재앙이다.

[질문]

인공지능이 인류의 재앙이 되는 이유는 세 가지로 정리할 수 있다.

첫째로 사회적인 입장에서 보았을 때 강인공지능의 출현을 막을 수 있다는 것은 지나친 낙관주의 아닌가?

둘째로 경제적인 입장에서 보았을 때 인공지능은 산업 분야의 근간을 흔들지도 모른다. 인류의 직업의 많은 부분이 없어질 수 있다.

셋째로 윤리적인 부분에서 보았을 때 인공지능은 두 가지 문제점을 가지고 있다. 하나는 인공지능의 오류 발생 가능성과 그 사용 범위 제한이 어렵고 인공지능의 사용 범위 규정이 모호하다는 점이다.

[정보]

인터넷의 출현 이후 인간이 종사하고 있는 대부분의 직종은 지식 서비스 산업이다. 이는 정보를 취합하고, 분석하여 새로운 방안을 내놓는 것으로 인공지능은 지식 서비스 산업을 충분히 대체할 수 있을 것이다.

[해석/결과]

2016년 알파고와 이세돌의 대국에서 알파고가 이세돌을 4승 1패로 승리하며 인공지능이 인간에게 승리할 수 있다는 것을 보여주었다. 인공지능이 인간을 넘어설 수 있다.

[개념]

인공지능이란 생각하고, 판단하고, 학습하는 인간 고유의 지식 활동을 하는 컴퓨터 시스템으로 자가학습을 하는 것이다.

[함축/결과]

개인 정보 학습을 통해 성능을 자체적으로 향상시키도록 설계되어 있는 인공지능 기계를 해킹하여 중요한 개인정보를 유출하는 문제도 발생할 수 있다.

[관점]

인공지능이 일정 수준 이상 개발되고 난 뒤에는 인공지능이 자신의 의지를 가지고 무서운 속도로 발전하게 될 것이며 되돌릴 수 없는 재앙을 맞이하게 될 것이다.

※ 반대

[목적]

인공지능에 대한 두려움은 현재 우리 사회의 배경과 인간의 심리적 특성 등과 같이 다양한 맥락에서 기인하는 것으로 실제 그것이 가진 위험성보다 과대평가되어 사람들의 입에 오르내린다.

[질문]

인공지능이 인류의 재앙이 되지 않는 이유 세 가지는 다음과 같다.

첫째로, 인간은 무한한 잠재력과 가능성을 가진 복잡한 존재이다. 인공지능 기술의 발전으로 인공지능과 인간이 공존하며 살아갈 미래사회에도 여전히 인간만이 할 수 있는 고유한 영역들이 존재할 것이다.

둘째로, 인공지능은 우리 삶을 편리하게 만들어주고, 생활환경 수준을 향상시키는 것이지 재앙이 아니다.

셋째로, 인공지능은 미래의 난제를 해결하는 실마리가 되어 줄 것이다. 과학기술의 진보는 인류 역사의 필연적인 과정이라고 할 수 있다.

[정보]

어렵고, 더럽고, 위험해서 사람들이 기피하는 산업을 인공지능이 대체하게 됨에 따라 노동환경이 크게 개선될 것이다.

[해석/결과]

1997년 인공지능 딥블루가 체스 대결에서 인간을 이겼을 당시에도 이러한 두려움은 장시간 존재한 바 있다. 그러나 인공지능은 인류에게 더 많은 도움을 주기 때문에 재앙이 아니다.

[개념]

인간은 동기와 욕구, 자의식과 정체성을 가지고 있는 반면에 인공지능은 특정한 한 영역에서 뛰어난 능력을 보여 줄 뿐 결코 인간과 같이 사고하고 행동할 수 없다.

[함축/결과]

인간의 뇌 구조와 심리에 대해서도 정확하게 규명되지 않은 상태에서 인간과 동일하거나 인간을 뛰어넘는 전인적 인공지능의 출현에 대해 이야기하는 것은 지나친 걱정이다.

[관점]

인간은 앞으로도 도구를 사용하고 관리하고 통제하는 주체가 될 것이기 때문에 인공지능을 장착한 기계가 인간을 지배하는 세상은 결코 도래하지 않을 것이다.

3. 영화를 활용한 비판적 사고 과정을 통한 수업 모델

  엘리자베스 따이어와 리처드 폴의 비판적 사고 과정을 통한 <엑스 마키나>를 분석한 비판적 사고 수업 모델은 아래와 같이 제시될 수 있을 것이다. 먼저 비판적 사고 개념과 사고과정 단계를 수업하고 인공지능 관련 영화 <엑스 마키나>를 소개한다. 영화를 통해 비판적 사고 단계를 습득한다. 영화에 나타난 도덕적 인공지능(AMA, artificial moral agent)에 대한 자료조사를 한 다음 영화 속 튜링테스트 장면을 통한 도덕적 인공지능의 가능성을 탐색한다. 비판적 사고과정을 통해 찬반 논거를 정리하고 문제의 결론을 내린다.

  '인공지능, 미래의 재앙이다'를 논제로 한 공학도를 위한 영화를 활용한 '비판적 사고와 토론' 수업 모델은 아래와 같이 제시될 수 있을 것이다. 먼저 비판적 사고 개념과 사고과정 단계를 수업하고 인공지능 관련 영화 <엑스 마키나>를 분석하면서 영화를 통해 비판적 사고 단계를 습득한다. 엘리자베스 따이어 모형 및 리처드 폴 모형으로 비판적 사고과정을 거쳐 '인공지능, 미래의 재앙이다'라는 논제의 찬반 논거를 정리하고 찬반 각각 논제의 결론을 내린다. 이후 교수자와 학습자 간의 질의응답을 통해 바람직한 강인공지능 개발의 방법이나 대안을 모색하는 과정으로 마무리하고, 교수자는 이 과정을 피드백 하여 교육방법을 완성한다.

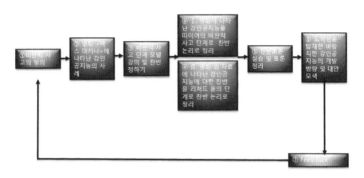

[그림 10.2] 영화를 활용한 비판적 사고 교육 모델

공학도들이 강인공지능을 어떻게 만들어야 영화 <엑스마키나>에서의 에이바 같은 사태가 빚어지지 않을 수 있는지를 모색해야 할 것이다. 그러면 인공지능에 어떻게 하면 도덕심을 심어주어 재앙이 되지 않는 인공지능을 개발할 것인가의 문제에 도달하게 된다. 웬델 월러치(Wendell Wallach)와 콜린 알렌(Colin Allen)[9]은 도덕 행위자의 주체를 인간을 넘어 로봇과 같은 인공물까지 확대하고 이를 "인공적 도덕 행위자(AMA: artificial moral agent)"라고 불렀다. 이 저서에서는 AMA의 임무를 완수하기 위한 "인공적 도덕 행위자"를 구현하기 위한 다양한 접근법을 소개하

고 있다. 유은순 등[10]은 대표적인 구현 방법으로는 크게 전통적인 공리주의와 같이 어떤 특정 윤리 이론에 기반을 둔 하향식(top-down)과 다양한 기계 학습을 통해 도덕적인 추론을 배워나가도록 하는 상향식(bottom-up)이 있다고 하였다. 하향식의 경우 공리주의나 의무론 같은 윤리 원칙에 따라 결정을 내리기 위한 정보를 수집하고 비교분석 해서 동작하는 시스템이다.

최현철 등[11]은 하향식 접근법의 기본적 윤리이론 중의 하나인 공리주의(Utilitarianism)에 의하면, 윤리란 이 세상의 쾌락의 총량을 극대화하는 것이라고 하였다. 이 견해는 윤리적 결과론의 일종이다. 이러한 공리주의 윤리에 입각한 AMA는 어떤 행위들에 대해 도덕적 등급을 내리기 위해 선택사항의 다양하고 많은 결과들을 계산해야 한다. 공리주의에 따르면, 결과적으로 가장 큰 효용을 산출하는 행위가 도덕적으로 옳은 행위이다. 즉 어떤 사람이 윤리적 숙고 혹은 추론을 한다는 것은 바로 그 행위의 결과가 가져오는 효용을 그 사람이 가늠하고 계산하는 것임을 주장하였다.

이처럼 과학과 심리학 및 철학을 융합적으로 결합한 연구를 통해 도덕과 윤리가 탑재된 인공지능 개발이 가능하다는 이론을 교육함으로써 강인공지능에 대한 우려를 불식시키고 바람직한 인공지능 개발의 방향을 모색하도록 한다.

미주

* 이 장(章)은 "황영미(2020), 공학도를 위한 '비판적 사고와 토론' 수업 모델 연구-영화 <엑스 마키나>를 활용하여, **공학교육연구**, 23(3): 41-48"을 수정 · 보완한 것이다.

1) E. Thyer(2015), Development of the Critial Thinking Teaching Resource. (http://teachassist.deakin.edu.au/wp-content/uploads/2015/06/GLO4-critical-thinking.pdf.)

2) 숙명여자대학교 기초교양학부(2018), **비판적사고와 토론**, 역락, 10.

3) R. Paul & L. Elder(2004), The Miniature Guide to Critical Thinking Concepts and Tools, Foundation for Critical Thinking. (www.criticalthinking.org)

4) 알렉스 가랜드(2015), <엑스 마키나>, 유니버설 픽처스.

5) 박상현(2016), <엑스 마키나>에 나타난 에리히 노이만의 여성성의 원형, **커뮤니케이션디자인학연구**, 57: 163-178.

6) R. Paul & L. Elder, 앞의 자료, 15.

7) R. Paul & L. Elder, 박진환 · 김혜숙 역(2006), **생각의 기술 논술의 기술**, HOTEC/고차적사고력교육센터, 11.

8) 제15회 숙명토론대회 결선대회 동영상 2019.05.29. '인공지능, 미래의 재앙이다' 녹취. (https://gei.sookmyung.ac.kr/fro_end/html/dep_05/50100.php?pagetype=&bbs_idx=626& pageno=1&pagekind=c&bbsid=program_photo1&cafeid=&ref_code=&keyword=&keyfi eld=&category=&search_year=&search_month=&qstr=&c_pagesize=12&gopage=/fro_e nd/html/dep_05/50100.php?#modalSuccess)

9) 웬델 월러치 · 콜린 알렌, 노태복 옮김(2014), **왜 로봇의 도덕인가**, 메디치미디어, 123.

10) 유은순 · 조미라(2018), 포스트 휴먼 시대의 로봇과 인간의 윤리, **한국콘텐츠학회논문지**, 18(3):595.

11) 최현철 · 변순용 · 신현주(2016), 인공적 도덕행위자(AMA) 개발을 위한 윤리적 원칙 개발, **윤리연구**, 111: 34.

황영미(숙명여대 기초교양학부 부교수, 교양교육연구소장)

숙명여자대학교 기초교양학부 부교수, 숙명여자대학교 국어국문학과를 졸업
하고 같은 대학원에서 문학 석사 및 박사 학위를 취득하였다. 숙명여자대학
교 교양교육연구소 소장, 한국영화평론가협회 회장, 대학교양교육연구소협
의회 회장을 맡고 있다. 국제영화비평가연맹 한국본부 회장과 한국사고와표
현학회 회장 등을 역임했으며, 칸, 베를린, 부산국제영화제 등의 국제영화비
평가연맹상 심사위원 및 백상예술대상, 춘사영화상 등의 심사위원을 역임했
다. 1992년 『문학사상』으로 소설 등단, 소설집 『구보 씨의 더블린 산책』(제
26회 숙명문학상 수상), 저서 『봉준호를 읽다』(2020), 『필름 리터러시』
(2018), 『영화와 글쓰기』(2009), 공저로 『영화로 읽기, 영화로 쓰기』
(2015), 『영화로그인: 사고와표현교육』(2018) 등이 있다.

박상태(성균관대 학부대학 조교수)

성균관대학교 학부대학 조교수. 연세대학교 철학과를 졸업하고, 같은 대학
원에서 문학 석사와 철학 박사 학위를 취득하였다. 현재 성균관대학교 학부
대학에서 〈과학기술 글쓰기〉 과목의 주임교수를 맡고 있으며, 〈과학기술 글
쓰기〉, 〈학술적 글쓰기〉, 〈고전명저북클럽〉 등의 과목을 주로 가르치고 있
다. 한국화이트헤드학회의 총무, 편집이사를 역임한 후 현재 학술이사를 맡
고 있으며, 한국사고와표현학회의 연구이사와 편집위원을 역임하였다. 『엔
지니어를 위한 공학윤리』(2019), 『과학기술 글쓰기-이론과 실제-』(2018),
『비판적 사고 학술적 글쓰기』(2014), 『개인의 본질』(2007), 『화이트헤드
철학 읽기』(2005) 등을 공저하였고, 『철학적 글쓰기-학생과 교사를 위한
지침서-』(2011), 『화이트헤드의 ≪과정과 실재≫ 입문』(2010) 등을 번역
혹은 공역하였으며, 의사소통 교육, 비판적 사고 교육, 공학윤리 교육, A.
N. 화이트헤드의 유기체 철학 등에 관한 다수의 논문을 발표하였다.

구진희(목원대 소프트웨어교양학부 조교수)

목원대학교 소프트웨어교양학부 조교수, 충남대학교 대학원에서 컴퓨터과
학교육 석박사 학위를 취득하였다. 한국산학기술학회 사회과학/교육 편집분
과위원장 및 목원대학교 지식과교양 논문지 편집위원을 맡고 있다. 주요 저
서로는 『(2009개정)중학교 정보』 교과서(2013, 공저), 『미래사회의 창(窓)
: Information Technology』(2015), 『소프트웨어 기초교육을 위한 로봇
프로그래밍』(2016), 『자바 응용프로젝트를 위한 객체지향프로그래밍』
(2017), 『파이썬과 피지컬컴퓨팅』(2020, 공저), 『프로세싱을 활용한 감성
코딩』(2020, 공저), 『스크래치 : 문제해결을 위한 컴퓨팅 사고』(2021, 공
저) 등이 있다.

김제도(홍익대 기계시스템공학과 부교수)

홍익대학교 기계시스템공학과 부교수, University of Toronto 기계공학과를 졸업하고 University of Michigan-Ann Arbor 기계공학과에서 석사 및 박사 학위를 취득하였다. 홍익대학교 철도기술연구소장, PACE 센터 간사, 공학교육혁신센터 위원을 맡고 있으며 한국공학교육학회 총무를 역임하였다.

박승억(숙명여대 기초교양학부 부교수)

성균관대학교 철학과에서 현상학과 학문 이론에 대한 연구로 박사 학위를 받았다. 독일 트리어대학교 박사후 연구원과 청주대학교 교수를 거쳐 현재 숙명여자대학교 기초교양대학 교수로 재직 중이다. "철학연구회 논문상", "한국연구재단 창의연구 논문상" 등을 수상했다. 첨단 기술과 인문학의 관계, 철학이 현실적인 삶의 문제에 어떤 도움을 줄 수 있는지 등에 관심을 두고 연구 중이다. 지은 책으로『가치전쟁』(2020),『이솝 우화로 읽는 철학 이야기』(2020),『렌즈와 컴퍼스』(2016),『학문의 진화』(2015) 등이 있다.

윤성호(금오공대 기계공학과 교수)

금오공과대학교 기계공학과 교수, 서울대학교 항공우주공학과를 졸업하고 KAIST 항공우주공학과에서 석사 및 박사 학위를 취득하였다. 금오공과대학교 학생처장, 학생상담센터 소장, 국제교류교육원장, 공학교육혁신센터장, 생활협동조합 이사장 등을 역임했으며 현재는 한국복합재료학회 부회장, 한국공학교육인증원 국제위원장, 한국연구재단 한국형발사체사업 및 스페이스파이오니어사업 전담평가위원 등을 맡고 있다. 2013년 교육부장관 표창장, 2015년 한국공학교육학회 우수강의교수상, 2019년과 2020년 한국공학교육학회 우수논문발표상, 2020년과 2021년 한국복합재료학회 복합재료논문상과 최우수발표논문상을 수상하였다.

공학도를 위한
비판적 사고
교육

초판인쇄   2021년 9월 10일
초판발행   2021년 9월 10일

지은이   황영미, 박상태, 구진희, 김제도, 박승억, 윤성호
펴낸이   채종준
펴낸곳   한국학술정보㈜
주   소   경기도 파주시 회동길 230(문발동)
전   화   031) 908-3181(대표)
팩   스   031) 908-3189
홈페이지   http://ebook.kstudy.com
E-mail   출판사업부   publish@kstudy.com
등   록   제일산-115호(2000. 6. 19)

ISBN   979-11-6801-118-2   93100